奇跡のガン克服法

未知なる治癒力のめざめ

大川隆法
RYUHO OKAWA

まえがき

現代人は実に多く病気で悩み苦しんでいる。しかも医学が進歩すればするほど、病名も多岐《たき》にわたって、平均寿命が伸びるとともに、難病奇病も数多くなっている。なかには病気のデパートのようになっている人さえいる。

しかし、真実は一つである。人体は、ゆっくりとではあるが、「川の流れ」のように変化し続け、同じ姿をとどめおくことはできない。心の力が自分の体をつくりかえていくことが可能なのだ。しかもその際、信仰心が強力なパワーとして働き始める。信仰の名の下《もと》に、理想的な自己像を心に描くがよい。ガンをはじめ、医学的に不可能とされる治癒《ちゆ》例が数多く現れている。

信じよ、さらば救われん。求めよ、さらば与えられん。

二〇一〇年　十二月二十八日

幸福《こうふく》の科学《かがく》グループ創始者兼総裁《そうししゃけんそうさい》

大川隆法《おおかわりゅうほう》

奇跡のガン克服法　目次

まえがき　1

第1章

奇跡《きせき》の健康法

第2章　奇跡のヒーリングパワー

第3章

ガン消滅《しょうめつ》への道

第4章 病気リーディング（Q&A）

※添付の法話CDは、本文の32〜35頁（トラック1）、46〜50頁（同2）、68〜75頁（同3）、122〜123頁（同4）、125〜134頁（同5）を抜粋したものです。

第1章

奇《き》跡《せき》の健康法

1　病気の背景にあるもの

病気は現状への言い訳や不満の代弁になっている

本章では、「奇跡《きせき》の健康法」と題して、私の著書『超《ちょう》・絶対健康法』（幸福の科学出版刊）に依拠《いきょ》しつつ、主として宗教的観点から健康関係の話をいたします。

今、日本では、医学が進歩して、大勢の病人が病院で治療《ちりょう》を受けていますが、それと同時に、ある意味で、病気の人の数も増えています。

すなわち、「医学が進歩すればするほど、いろいろな病気が出てくる」という面が指摘《してき》できるのです。要するに、「研究が進めば進むほど、病気の分類が増えてきて、ある病名を告げられると、いかにも、そのような病気が実在するかのように思えてくる」ということです。

病院に通って診察《しんさつ》を受ける側の人にも、とにかく、何らかの病名を診断してもらえると、ホッとするというか、安心するような状況《じょうきょう》があります。病名を言ってもらい、「自分は、こういう病気だったのだ」と思うと、それで、「自分は、どういう分類をされるべき人間か」ということが決まるからです。

別な言い方をすれば、病気であることが認定されると、「自分は、本来、こうであるべきだ」と思っているような自分でなくても構わなくなるのです。そういう意味で、お墨付《すみつき》というか、医者から証明書が出ているようなものだと言ってよいと思います。

つまり、「何らかの病気である」ということは、「絶好調ではない。本来、自分が願うような状態ではない」ということを受け入れるための、非常に都《つ》合《ごう》のよい条件になっているのです。

「病気であることを喜ぶ人がいるはずはない」と考えるのが常識なのですが、現実には、そうとは言い切れません。

大病院に行き、お年寄り同士が廊下《ろうか》ですれ違《ちが》うときに話している言葉を聞くと、「どのような病気をしているか」ということで、お互《たが》いに病気自慢《じまん》をしているのが現状です。「どちらの病気が重いか。どちらの入院期間が長いか。どちらのほうが、早く死にそうな、大変な病気に罹《かか》っているか」ということを、挨拶《あいさつ》代わりに自慢しているのをよく聞くのです。

また、「病気が重い」ということは、それを心配するべきである家族に対して、「私に対する愛情が足りないぞ」という警告にもなっています。「おまえたちが十分に親孝行（あるいは、おじいちゃん孝行、おばあちゃん孝行）をしないから、今、このような病気になって大変なんだぞ」と言っているようにも見えるわけです。

そこで、私が述べたいのは次のようなことです。

本来、病気になって喜ぶ人がいるはずはないのですが、現実には、病気であることによって何かを訴《うった》えている人がいるのです。

その訴えとは何でしょうか。それは、自分自身が、今、社会的に認められるべき仕事をしていないか、尊敬されるべき立場にないことに関して、「病気である」ということが、家族や会社の同僚《どうりょう》たちへの言い訳、もしくは不満の代弁になっているのです。

「おまえたちが悪いから、実は、このようになっているのだ」ということを、病気の重さで示していることがよくあります。そのことに気をつけなければいけないわけです。

もちろん、「年を取り、行くべき所がないので、とりあえず病院にいる」

という人も数多くいます。

小さい子供は保育所や幼稚園《ようちえん》にいますが、一定の年を取れば、「とにかく、病院にいるのが安全だ」と考え、「万一《まんいつ》、ひどい病気になったときや死ぬときには、お世話になれるので、早めに病院にいる」という場合もよくあって、病院が、年を取った人たちの幼稚園のようになっている面もあります。

ただ、私は、「一度、考え方を改めたほうがよいのではないか」と言いたいのです。

人間は、運転手と車が一体になっている存在

医学の進歩・発展は結構なのですが、西洋医学の考え方の基礎《きそ》には、かっちりとした唯物論《ゆいぶつろん》、すなわち、「この世には物しかないのだ」という考え方があります。

西洋医学は、「物」対「物」、要するに、「物としての薬」対「物としての人体」という関係を研究しています。「物としての人体に、物としての薬が効くかどうか」という観点で見ているのです。

そこで扱《あつか》われる人間の体は、どちらかといえば、「一種の機械である」と見られています。そして、「病気は機械の故障であるから、部品を取り換《か》えるなり修繕《しゅうぜん》するなりしなければ治らない」という考えが主力なのです。

それは、ちょうど、修理工場《こうじょう》で車が修理されるような状況でしょうか。病院では、「どこかの部品が傷《いた》んでいないか。電気系統や車体が傷んでいないか」などという観点で、いろいろな検査が行われ、傷んでいるところを取り換えるなり修繕するなりされるのです。そして、「ガソリンを入れる代わりに点滴《てんてき》をする」というようなかたちになっています。

人間が、ほとんど自動車扱いになっているわけです。

確かに、そういう面は、ないわけではありません。しかし、私が過去に何度も述べているように、人間が「自分だ」と思っている体は、あくまでも乗り物にすぎないのです。

自分の体を車に見立てても構わないのですが、あくまでも体は乗り物であり、みなさんの本質は、その車のなかに乗っている運転手のほうなのです。そのことを、どうか忘れないでいただきたいと思います。

「車の性能がよいか悪いか」ということだけが、「よい運転ができるかどうか」ということにつながるわけではありません。みなさんは、カーレースの大会に出て賞を取るために、車を走らせているわけではないのです。

みなさんが乗っている車は、ほとんどの場合、それほど高性能ではなく、世間によくある、ありふれた車です。とりあえず用を足せればよく、隣《となり》の町まで走ってくれればよいぐらいの車なのです。そして、「運転が上手か下手か」ということで、事故が起きたり起きなかったりしているわけです。

みなさんは、あらゆる事故を避《さ》けられるような超高性能の車を持っているわけではありません。自動的に危機を察知し、障害物をよけるような高級車ではないため、居眠《いねむ》りをすれば必ず他の車や家などにぶつかります。

また、運転手が酒に酔《よ》っていれば、当然ながら、交通法規を守った運転はできません。これは当たり前のことです。

車自体に関心を持つのは結構ですが、あくまでも、乗っている人間の注意力や判断力、健全さ、智慧《ちえ》などが、健康に生きていく上では非常に大事なのです。

それほど高性能の肉体を両親から頂いていなくても、注意深く運転していれば、事故を起こさずに一生を送ることは可能です。そのことを、まず、前提として知っていただきたいのです。

特に、「先天性の病気で、生まれたときから体の具合が悪い」という場合には、確かに、生まれたとき、車に当たる部分に何らかの欠陥《けっかん》があったと思われます。

しかし、そうではなくても、中年期を過ぎると、体は傷みやすくなります。何歳《さい》からを中年期と定義するか、それによって、喜ぶ人も怒《おこ》る人もいるので、非常に言いにくいのですが、一般的《いっぱんてき》には、三十五歳を過ぎるあたりから、体は傷みやすくなるものです。

それから先は、ときどき定期点検をして、「十分に機能しているか。故障がないか」ということを調べ、メンテナンスをする必要があるのです。常識的には、そういうことが言えます。

以上が、本章の導入部分としての一般的な考え方です。

まず知ってほしいのは、「人間は、単なる車ではなく、運転手と車が一体になって人生を生きている存在なのだ」ということです。

2　心が病気をつくっている

心の正体は「生きていくエネルギー」

「人間は、運転手と車が一体になっている存在だ」と述べました。この「運転手」のことを、「魂《たましい》」や「霊《れい》」などと言うと、古めかしく、いかめしく聞こえるかもしれないので、もっと分かりやすく、「心」と言ってもよいでしょう。

「人間は心と肉体で成り立っている」と聞けば、納得する人は多いと思います。その表現であれば、九割以上の人は、だいたい納得するでしょう。

ところが、「人間は霊と肉体で成り立っています」と聞くと、途端《とたん》に、半分ぐらいの人は、不安になり、「そんなものがあってよいのか」と言い出すのです。

ただ、それは言葉の使い方の問題にすぎません。魂や霊と言われているものの正体は何かというと、この世的に感じられるものとしては、私たちが「心」と呼んでいるもののことなのです。

この世で生きているかぎり、心は目には見えません。しかし、心が存在していることは、誰もが自覚しているはずです。心なるものがあるような感じがするはずなのです。

自分の体を、ゼンマイ仕掛《じか》けで動いているように感じる人は、いないでしょう。自分が、ロボットのように動き、マジックハンドを伸《の》ばして物をつかんでいるように感じたりはしないでしょう。

みなさんの家にも、おもちゃはあるでしょうが、おもちゃが動くように自分も動いているとは感じないと思います。何かが違《ちが》うはずです。

ロボット犬《けん》なるものも発売されましたが、ロボットの犬と、家で飼っている飼い犬とでは、何かが違うことは分かるでしょう。「動く」という点では同じですし、癖《くせ》も似ていますし、どちらも吠《ほ》えたり言葉に反応したりしますが、ロボットの犬と本物の犬とは違います。

その違いは、「命が宿っているかどうか」ということです。

同じように、ロボット、あるいは単なる機械と、生きている人間との違いは、どこにあるかというと、やはり、「心の存在を感じるかどうか」ということなのです。

その「心」なるものは、別な言葉で言うと、実は生命《せいめい》というものです。生命の本質が心です。生きている力です。さらに言葉を換《か》えれば、生きていくエネルギーです。それが心の正体なのです。

それは、肉体を生かそうとしている力です。肉体の主人公であり、支配者です。「この肉体を使って、どういう人生を生きようか」と考え、計画している、強い意志、意欲です。

これが、実は、心なるものの正体なのです。

心には、新しいものを創り出す創造性がある

医学者や生物学者などは心を頭脳の働きと考えやすいのですが、実際には、心は頭脳の働きとは違います。

頭脳はコンピュータ的な役割を果たしていると思われます。

ただ、コンピュータは人間に近づいてきつつありますが、コンピュータと人間は、あくまでも一定以上は近づくことができない関係になっています。

なぜかというと、コンピュータには「つくり主《ぬし》」がいるからです。コンピュータをつくっているのは人間です。「コンピュータを、どのように機能させるか」というプログラムをつくった人が必ずいるのです。コンピュータの「つくり主」は人間です。コンピュータにとっての神は人間なのです。

では、人間にとって、コンピュータの「つくり主」に当たるものは何でしょうか。それが、宗教において、神や仏、大宇宙の叡智《えいち》と言われるものです。いろいろな言われ方をしていますが、「この世を超《こ》えた、はるかなる世界にある、偉大《いだい》なる力」が人間を創ったのです。

つまり、「人間がコンピュータをつくったように、人間に対して、大きな力が働いており、目的を持った人生を生きられるように仕向けている」と考えてよいのです。

さらに、コンピュータと心の違いは何でしょうか。人間の心は創造性を持っています。それは、創り出す能力です。新しいものを創り出す能力、新しいものを考え出す能力です。

事前に用意されたことを、繰《く》り返し、反復して行うだけではなく、新しいものに対して、考えを出し、未来を創り出す。未知なるものを解決していく。アイデアを出していく。こういう創造性を、人間の心は持っているのです。

また、人間の心は、「創り出す」という力だけではなく、もう一つ別の想像性、すなわち、イマジネーションの能力も、もちろん持っています。

コンピュータと心とでは、これが根本的に違うわけです。

このように、人間の心は、インプットされたものに反応しているだけではありません。インプットされたものをもとにして、新しいものを創り出していく力を持っているのです。

この意味において、「人間は神の子である」「人間は神に似せて創られた」

と言われています。人間は、何かを新しく創り出す力、考え出す力を持っています。そういう偉大な存在だからこそ、人間は、「神の子」とも言われ、また、「神そのものの一部が自分のなかに宿っている」とも言われるのです。

心について、もっと正確に表現すると、みなさんの肉体に宿っているのは、肉体と同じぐらいの大きさの霊体《れいたい》であり、その中枢《ちゅうすう》部分、他をコントロールしている部分のことを、心と称《しょう》しています。これは、主として意志や感情を司《つかさど》っている部分です。

そして、その心の部分が、実は、天上界《てんじょうかい》にいる神や仏、高級霊などから、霊流《れいりゅう》という一種の光のエネルギーを引いています。それが、彼らとつながっているものの正体なのです。

人間は、感動したり、神秘的な体験に打たれたりすると、心が熱くなってくることがあります。しかも、一人だけがそうなるのではなく、例えば、ある場所にいる人たちの多くが感動し、一斉《いっせい》に心が熱くなってくることもよくあります。

それは、「天上界から、霊流、霊的なエネルギーが流れ込《こ》んでいる」ということです。そのため、いろいろな人のところに、同時に霊的なエネルギーが入ってきているわけです。

実を言うと、人間は、霊天上界の高級霊界《こうきゅうれいかい》から下りているエネルギーの末端の塊《かたまり》です。これが人間の本質なのです。

その意味において、「人間は、非常に尊い存在である」と言ってよいでしょう。人間は、神仏と同じような要素を、その一部に持っているのです。

心の創造性が「破壊性《はかいせい》」として働くと、病気をつくる

心には創造性があるため、心は、もちろん、ものをつくることも壊《こわ》すこと

もできます。

「壊すこと」とは何でしょうか。それが、病気に当たる部分です。

人間は、自分の心でもって自分の体を壊すことができます。さまざまな不調を起こし、病気をつくることができるのです。

体の部分は物質世界にかなり支配されているのですが、心が不調和な方向に傾《かたむ》いたときには、体に異変が起きてきます。

その異変は、程度が低ければ、「体調の不良」というレベルで止《と》まりますが、程度が激しくなってくると、病変が生じ、病気になります。それが、あるときにはガンであったりしますし、ほかにも、さまざまな重い病気に変わってくるのです。

その病気の出方は、さまざまですが、その人の体のなかで最も弱い部分に病気が出てきます。

『超《ちょう》・絶対健康法』では、それを次のように「川の譬《たと》え」で説いています。「肉体は、流れる川のようなものです。そして、堤防《ていぼう》の切れている部分から川の水が氾濫《はんらん》するように、体のなかで弱っている部分に病気が出てくるのです。特定の部分に病気が出るのは、そこが弱っているからであり、そこを治しても、心のなかに不調和があれば、他の部分に別な病気が出てきます。そういう関係になっているのです」

病気には数多くの種類があり、それぞれについて、医学的には、「この薬が効く」「この療法《りょうほう》が効く」などと言われ、治療法は幾《いく》つもあります。

しかし、その根本《こんぽん》を辿《たど》ってみると、実は単純なことであり、「心の不調和が体の最も弱いところに出る」ということなのです。

その際、長く使い込んだ体のなかで、現時点で最も弱っているところに病気が出ることもありますし、生まれつき、体の特定の部分が弱く、そこに病気が出ることもあります。いずれにしても、体のなかで弱っているところに、不調和が現象として表れてきて、それが病気になるのです。

このように、心は病気をつくることもできるわけですが、これは、本来の創造性とは違い、悪いほうでの働きなので、心の持つ破壊性《はかいせい》、破壊力と見てよいと思います。

これも、みなさん全員が持っています。みなさんは、ほぼ例外なく、自分で病気をつくる能力を持っています。みなさんは、神の半分の力を持っているようなものです。

ただ、肝心《かんじん》の残り半分においても、すなわち、「病気をよくする」という方向においても、力を発揮できなければなりません。病気をつくることができるのであれば、実は、それと同じ能力で、病気を治すこともできなければならないのです。

病気といっても、たいていは、内臓の一部か脳の一部、あるいは血管系を悪くするようなことでしょう。

しかし、その内臓は、一年間、同じ状態であるわけではありません。一年以内には、全部、細胞《さいぼう》が入れ替《か》わっています。骨もそうです。一年間、同じである骨はありません。頭蓋骨《ずがいこつ》でさえ入れ替わるのです。血管も血液も、当然、入れ替わっています。

体のなかで一年前と同じものはありません。外側がよく似ているだけで、体自体は、全部、入れ替わっているのです。

そのため、例えば、胃ガンの場合には、胃の部分に病巣をつくり続けなければいけません。胃を壊し続けている状態でなくてはならないわけです。

そういうことが続けば一定の病気が固まるのです。

ただ、そのように、細胞の部分で、悪いものをつくれるのですから、逆に、それをよいものに変えようと思えば、変えていくことができるのです。

時間をかければ、不随意筋《ふずいいきん》も自分の意志で動かせる

みなさんは、理科の勉強で、「人間には、表面意識で動かせる筋肉（随意筋《ずいいきん》）と、動かせない筋肉（不随意筋）とがある」と習ったでしょう。

例えば、腕《うで》の筋肉は随意筋であり、自分で動かそうと思えば、動かすことができます。一方、心臓は不随意筋であり、自分で動かすことはできませんが、動かそうと思わなくても勝手に動いています。

インドのヨガ行者《ぎょうじゃ》のなかには、自分の意志で心臓を動かしたり止《と》めたりできる人もいるようですが、そういう人は例外であり、普通《ふつう》の人にはできません。心臓は勝手に動いているのです。

そのように、人間の体には、自分で意図して動かすことができるものと、

動かせないものとがあります。しかし、不随意筋は、人間の意志では動かないように見えて、実は、そうではないのです。

これは、動物がすばしっこく動くことと、植物がゆっくりと動くこととの違いのようなものです。

通常、「植物は動かない」と思われていますが、二十四時間、植物の状態をビデオカメラで撮影《さつえい》し、その映像を早送りで見ると、植物も動くことが分かります。植物も、どんどん動いて変化しています。単に動きがのろいだけなのです。

動物は俊敏《しゅんびん》で、すぐ、どこにでも走っていけますが、植物は、足がないので走れません。しかし、一日、二日、三日と見続ければ、植物が生き物であることは明らかに分かります。長時間、ビデオカメラで撮《と》り、早送りをすれば、その変化を見ることができます。植物も動くのです。生きていこうとし、自分を変えていこうとするところは、動物も植物も同じなのです。

随意筋と不随意筋の違いは、動物と植物の違いのようなものです。

自分の体のなかで、すぐ動かせるものについては、簡単に自分の自由になりますが、すぐ動かせないものについては、そうはいかず、例えば、「腸の位置を少し変えようかな」と思っても、腸は、簡単に動いてはくれません。

しかし、「自分は、この内臓の位置を、このように変えたい」と、長いあいだ思っていると、少しずつ動いてくるのです。

また、自分の自由にならないものの一つとして、水晶体《すいしょうたい》という、目のなかのレンズの部分があります。いったん目が悪くなると、もう治らないように言われていますが、それは、この水晶体の厚さが自分の意志では変えられず、自由にはならないからです。

確かに、水晶体の厚さを、その日のうちに大きく変えることはできないのですが、ゆっくりと少しずつ変えることはできます。そういう自由を、実は持っているのです。

みなさんが現代人ではなく原始人であれば、近眼になっても眼鏡《めがね》をかけることはできず、日常生活に苦労するので、いったん目が悪くなっても、やがて回復し、目が見えるようになってきます。獲物《えもの》がよく見えないと生活できないので、再び、よく見えるようになってくるのです。

ところが、現代人の場合には、なかなか、そうなりません。なぜなら、眼鏡をかけたほうが早いからです。それで水晶体がよく動かないままになるのです。

そのように、「人間の体は、ある程度、自由になる創造性を持っているのだ」ということを知っていただきたいと思います。

これが、みなさんに必要な二段階目の認識です。

3 奇跡《きせき》は信仰心《しんこうしん》に比例して起きる

この世とあの世は〝同居〟している

さらに、もう一段上の認識について述べましょう。

前述したように、「心」と「肉体」という二つのものがあります。これを「精神」と「肉体」と言ってもよいのですが、「精神と肉体、あるいは心と肉体という、二種類のものがあり、この二つは相互《そうご》に関係し合っている」というところまでは説きました。これについては仏教でも認めています。

仏教では、これを「色心不二《しきしんふに》」といいます。要するに、「肉体（色）と心は、二つに分けられるものではない。不二一体である」ということです。

仏教的に言うと、肉体と心は「不即不離《ふそくふり》」なのです。これは、「肉体と心は、お互《たが》いに影響《えいきょう》し合っており、別々に存在するものではない」ということです。

しかし、これを乗り越《こ》える、もう一段上の考え方があります。

霊界《れいかい》の存在を信じている人であっても、「人間の体も含《ふく》め、この世に現れている物質は、本当は、すべて仮のものであり、目に見えないあの世の世界と、この世の世界とは、別のものだ」と考えがちですが、もう一段上に、「本当は、別のものではないのだ」という考え方があるのです。

それは、言ってみれば、次のようなことです。

ビーカーに泥水《どろみず》が入っているとします。それをかき混ぜて、しばらくたつと、だんだん、上のほうの水は澄《す》んできて、下のほうに泥が溜《た》まってきます。この泥の部分が、たいへん申し訳ない言い方ですが、みなさんが生きている三次元、つまり、この世の世界です。

また、ビーカーのなかの水は、上のほうに行くほど澄んでいますが、「澄んでいる部分が、四次元、五次元、そして六次元以上の高次元の世界だ」という一元的な見方もあります。

すなわち、「この世とあの世は、実際には、別の世界ではないのだ。実は同じものであって、この世は、いわば、粗《あら》い粒状《つぶじょう》のものが沈殿《ちんでん》している部分なのだ」という考え方もあるのです。

それは、「人間には、目で見える範囲《はんい》や、耳で聞こえる範囲がある。四次元以降の世界は、この世の人間にとって、目で見たり耳で聞いたりすることのできない範囲の世界に存在する。この世は、もう少し波動が荒《あら》い世界であり、そういう世界に住んでいるため、お互いに相手の姿がはっきりと見えているだけなのだ」という考え方です。

いわば波長の長さが違《ちが》うだけであり、この世と霊界は、同じ空間に同時に存在しているのです。

ただ、波動の荒い三次元に住んでいる人々は、通常、それを感じることはできないのですが、向こう側、すなわち、精妙《せいみょう》な波動を持っている、あの世の存在からは、この世のものが、非常によく見えているわけです。

現実に、そういうことはあります。例えば、一定以上の速度で動くものを、人間の目は見ることができません。

また、UFOの目撃《もくげき》情報では、「それまで見えていた飛行物体が、突如《とつじょ》、見えなくなる」と言われていますが、「そのときには、霊界、異次元世界を飛んでいる」と一般《いっぱん》には言われています。

このように、「この世とあの世は、別の世界ではなく、実は同居しているのであり、そこに存在するものの状態が違うだけなのだ」という考え方もあるのです。

これは、別な言葉で述べると、「すべては仏（神）の光でできており、この仏（神）の光が、精妙で非常に微細《びさい》なものから、粗雑《そざつ》で大きな塊《かたまり》になってくるまでのあいだには、ランクに何段階もの差がある。いちばん荒い波動になって固まってきたものが三次元世界だ」という考え方です。

そして、「『霊体以外に肉体がある』という考えは間違いであり、肉体も、実は霊体の現れ方の一つなのだ。霊体が、非常に固まったかたちで現れているのが肉体なのだ」と考えるのです。

これが三段階目の考え方です。

上の次元のパワーが働けば、この世の法則はねじ曲がる

実は、ここまで、みなさんの悟《さと》りが進んだときに、「奇跡《きせき》の健康法」とい

う本章の章題のように、あらゆる現象が起きはじめるのです。この三次元の法則が、全部、引っ繰《く》り返ってきはじめるのは、ここからなのです。「この世は、この世で確立した世界であり、この世の法則は、一切、変わらない」と思っている人にとっては、現実もそのとおりです。

しかし、「この世は、実は、あの世と同通する世界であり、あの世のあり方、あの世の法則を理解することができたら、この世の法則を変えることができるのだ」ということをつかんだ人にとっては、この世を変えていくことができるのです。

例えば、高速道路を車で走ることしかできなければ、ある車を追い抜《ぬ》こうとしても、「どうやって、道路上で相手の車を追い抜くか」ということしか考えられません。

ところが、一つ上のレベルに立ち、「ヘリコプターで上空を飛ぶ」という手を用いて相手より先に着くと、追い抜かれた相手は訳が分からず、「私は、なぜ、高速道路を車で走り、途中《とちゅう》、一台も他の車に抜かれたことはないのに、私よりも、あなたが先に着いているのか」と思い、どう考えても理解できないわけです。

三次元の世界での生活は、高速道路を走っているようなものであり、上空を飛んで先に着かれたら、「なぜ、こうなったのか、さっぱり分からない」ということが起きます。しかし、ヘリコプターを使えば、何度やっても、そうなるのです。

地上では誰《だれ》の車にも抜かれていないのに、自分より先に着く人が現実に存在するというのは、不思議でも何でもなく、ヘリコプターや飛行機を使っているだけなのです。

一つ上の次元の法則が働いたときには、そのようなことが起きます。

この世の人が、「一つ上の世界からの働きかけがある」ということを知れば、そのようなことが起きるのです。

病気に関し、「物質」対「物質」、すなわち、「薬」対「病変」、あるいは、「手術」対「病変」というかたちで、この世だけの戦いをしているのは、高速道路で、二台の車が、「どちらが先に着くか」という競争をしているようなものです。

しかし、一つ上の世界から力が働いてくると、この世の法則がねじ曲がってきます。これによって、歴史上、多くの宗教で、さまざまな奇跡が起きました。宗教で病気が治る理由も、それとほとんど同じなのです。

「強い信仰心《しんこうしん》」と「奇跡《きせき》を実証する使命」があれば、奇跡は起きる

一つ上の次元のパワーが加わってきたときには、この世の法則がねじ曲が

ってきます。

その前提条件は、「その人に、信仰心《しんこうしん》、強く信じる力がある」ということと、「その人が、奇跡《きせき》にふさわしい人であり、奇跡を起こす対象として選ばれている」ということです。

すべての人に奇跡が起きるわけではありません。「信仰心を強く持っている」ということと、「奇跡を起こすに足る人である」ということ、この条件が重なったときに奇跡が起きます。

「自分が、どういう使命を持っているか」ということは、各人の人生の問題集なので、なかなか分かりませんが、もし、その人に、奇跡を実証すべき使命のようなものがあるのであれば、たとえ、病気になって、この世的には「絶対に治らない」と言われたとしても、甦《よみがえ》る可能性があります。医者が「百パーセント死にます」と言っても、治る可能性はあるのです。

あと必要なものは強い信仰心です。

もちろん、それに加えて、法友《ほうゆう》たち、真理を共に行《ぎょう》じている仲間たちから、強い「祈《いの》りのパワー」「支援《しえん》のパワー」を受ければ、さらに力が倍加することは間違いありません。

「あの人は、ぜひとも必要な、大事な人だから、治ってほしい」という、他の人々からの強い思念があり、本人にも信仰心が強くあって、しかも、「その奇跡を起こすことが、真理の実証として必要である」という条件が満たされれば、医者が、「自分は勘違《かんちが》いをしたのか」と思うようなことが、今後、数多く起きてくるようになるでしょう。

ただ、今の日本では、法律上、病気は医者にしか治せないことになっていて、宗教団体が「病気が治せる」と言ってはよくないらしいので、言い方を換《か》えるとすれば、〝病気が勝手に治る〟のです。

信仰心を持って祈願《きがん》をし、その人に、奇跡を実証する天命、使命があれば、必ず治ります。完全に治らない場合でも、人生の大事な時期に死なないよう、多少なりとも命を延ばしてもらうことは可能です。

すべての人は、いつかは死ぬので、絶対に死なないようにすることは不可能ですが、必要なのは、「人生において、健康で生きていなくてはならない時期に死ぬことなく、きちんと仕事ができ、家族のために生きることができる」ということです。それをお願いすることが大事なのです。

前述したように、条件が満たされれば、この世の力とは違った力が必ず働いてきます。それは信仰心に比例して起きてきます。

みなさんが、「この世ではなく、あの世こそが、本当の世界、実相世界であり、自分は、この世という仮の世界に生まれて、今、修行をしているのだ」ということを、本当に信じ、そういう人生観の下《もと》で、日々、精進《しょうじん》のなかに生きることができたならば、この世での病気や苦難・困難が次々と解決していく奇跡が起きることでしょう。

すべてのものは、心のなかで描《えが》いたとおりになっていきます。

人間は霊的な存在であり、最終的には、心に思ったことが実現するので、「自分は、このようになりたいのだ」という未来ビジョン、未来の絵を、心に強く描く修行も必要です。この修練をすれば、そういうことは現実に可能になってくるのです。

どうか、「こうありたい」と思う自分の未来像を、心に強く描く訓練をしてみてください。信仰心が加われば、それは限りなく実現に近づいていくはずです。必ずや、そうなるでしょう。

あらゆる病気は治すことができます。この本一冊で治せるのです。

第2章

奇《き》跡《せき》の
ヒーリングパワー

1 信仰心《しんこうしん》が立ち上がれば、あらゆる奇跡《きせき》が起きはじめる

本章では、「奇跡《きせき》のヒーリングパワー」というテーマについて述べていきます。

数多く発刊されている私の著書を読めば分かると思いますが、今、私は世界最大の霊能者《れいのうしゃ》です。現在、私以上の霊能者は地上にはいないのです。

したがって、幸福の科学においては、信者のみなさんの信仰心《しんこうしん》が立ち上がりさえすれば、あらゆる奇跡が起きはじめます。

そして、信仰心を立ち上げるためには、信者のみなさんに、いろいろな試

練を乗り越《こ》えていただく必要があると私は考えています。

当会の教えを頭で理解しているだけでは駄目《だめ》であり、もう少し魂《たましい》の深いところまで教えが落ちなければいけないのです。

例えば、私の著書のうち、「基本三法」である『太陽の法』『黄金の法』『永遠の法』（いずれも幸福の科学出版刊）について、活字を読んで理解することはできるでしょう。

しかし、「これらの本に書いてあることが本当だとしたら」と考えたならば分かるでしょうが、実は、そこには大変なことが書かれているのです。ほかの著書についても同様であり、霊的な世界の話を「真実そのもの」として捉《とら》えたならば、大変なことが述べられています。

私の著書を読み、その内容を知的に理解することは可能ですが、それで満足しているだけであれば、実は、頭だけの理解で止《と》まっており、魂の深いところまでは落ちていないことが多いのです。

昨年（二〇一〇年）、私は『創造の法』（幸福の科学出版刊）を出しましたが、「霊的世界の法則の本質的なものは何か」というと、結局、基本的には「創造の法」なのです。

この「創造の法」を、単に、「アイデア、インスピレーションを受ける」というレベルで使い、十分に満足している人もいると思います。

しかし、その「創造の法」そのものは、実在界において、霊的存在を創ってきた力でもあります。また、それは、この世において人間の生きていく姿を創ってきた力でもあるのです。そのことを知らなければなりません。

2 肉体と霊体《れいたい》は密接な関係にある

死ぬ前の痛みの感覚は、あの世でも続くことがある

人間は、単に、目に見える肉体だけでできているのではありません。実は、その肉体のなかに霊的《れいてき》存在（霊体）が宿っているのです。

しかも、その霊的存在はタマネギのような多重構造になっています。中核《ちゅうかく》部分には、神、仏に近い存在があり、その周りに幾《いく》つもの層があって、外側になればなるほど人間的になっているのです。

最も外側には、「幽体《ゆうたい》」といわれる部分があり、この幽体は、人体とほぼそっくりの形をしています。目も鼻も眉毛《まゆげ》もあれば、心臓や肝臓《かんぞう》、腎臓《じんぞう》、そ

の他《た》の臓器の意識もあります。人体とそっくりの形をしたものがスポッと入っているのです。ただ、幽体を霊視《れいし》すれば、やや肉体をはみ出して見えるようにはなっています。

死んで、あの世に還《かえ》ったあと、自分の姿を見てみると、この世にいたときと変わらない姿をしていることが多く、指の爪《つめ》には半月の部分まであります。そのように、生前と同じような姿であるため、「自分は、まだ生きているのか」と思ったりすることがあるのです。

また、霊体の最も外側にある幽体は臓器の意識も持っているので、臓器の病気で亡くなった人の場合、あの世に行ってからも、その臓器の意識の部分が、まだ痛んだり苦しんだりしているケースがよくあります。

死んで、まだ悟《さと》りが開けていないというか、十分に死の自覚がない人だと、「亡くなったときの状態がそのまま維持《いじ》されていて、死の直前に痛かった部分がまだ痛い」というような状態が続くのです。これは、まことに不思議な感覚です。

点滴《てんてき》の痛みでさえ幽体に付いてきます。入院中に点滴を打たれ、長く針を刺《さ》されていると、腕《うで》は痛いものですが、死んで、あの世へ行っても、まだ、その痛みが残っていたりするのです。

肉体との接触《せっしょく》面積が非常に広いため、幽体には、そのように、肉体と似たような感覚を持っているところがありますが、肉体との違《ちが》いは、「建物の壁《かべ》や天井《てんじょう》を通り抜《ぬ》けられる」「空中を飛べる」といったことです。

例えば、そうしようと自分で考えたわけでもないのに、自分の肉体を乗せて走っている救急車や霊柩車《れいきゅうしゃ》の上を、スーパーマンのごとく飛び、その車についていくことがあります。なぜか、そのようになるのです。

それから、亡くなった人が、生きている人に、お通夜《つや》やお葬式《そうしき》のときに話しかけても、その声が相手には聞こえないので、ここでも非常に不思議な感覚を味わいます。「参列者やお坊《ぼう》さんなどが言っていることは、全部、聞こえているのに、こちらの言うことだけが相手には聞こえない」という、一方的な状態が続くのです。

あの世でも、唯物論者《ゆいぶつろんしゃ》を説得するのは難しい

確かに、病気による痛みの感覚を、死後、あの世に持って還ることもあります。死んですぐのころであれば、それも、しかたがないと私は思います。ところが、死んで何年も何十年もたつのに、生前と同じように苦しんでいる人もいます。胃ガンで死んだ人が、胃が痛くて苦しんでいる。心臓の病気で死んだ人が、心臓の痛みを感じつづけている。交通事故で頭を負傷した人が、何十年も頭が痛いままでいる。そのようなことがあるのです。

そういう状態が、死んで何十年たっても続いているというのは、やはり、おかしいのです。

これでは、「第一段階の悟りを得ていない」と言わざるをえません。「人間の本質は霊的な存在である」ということや、「死後の世界では、どのように生きていかなくてはならないのか」ということが分かっていないわけです。

その人の死後、どこかの段階で、先に亡くなった親戚《しんせき》や友達、あるいは光の天使などが、その人に対して、そのような話をしているはずです。しかし、そういう人たちの話を聞いても、その人には意味不明で理解できません。

当会の信者が、外部の人に、あの世や霊の話をしても、なかなか通じないものですが、それとまったく同じような状況《じょうきょう》なのです。「そう言われても、私は胃が痛いのだ」「私は肺ガンで苦しんでいるのだから、もう、どうしようもないのだ」などと言いつづけ、説得に耳を貸さないわけです。

特に、「病気は病院でしか治らない」と考えている医者が、病気で死ぬと、あの世へ還ってから、「薬がないし、手術もできないので、病気は治らない」と言い張るため、救いようがないような状態になります。

彼らを救おうとする、あの世のお坊さんたちも困っていて、「医者に化《ば》けるしかないかな。医者の格好をして説得するか」などと言っています。

しかし、そんなことをしても、「メスを持つ手つきが怪《あや》しい。偽者《にせもの》ではないか」と言われますし、看護師に化けても、すぐに、「これは違う。看護師の基本動作を覚えていない」などと言われます。

死んだ医者に対する説得は、けっこう難しいのです。

このように、唯物論《ゆいぶつろん》は、そうとう浸透《しんとう》しています。

確かに、この世的な物体存在はありますし、今、この世の科学が、すべて、車か何かのように、「人体は部品の合成でできている」というような考え方をとっているので、医学も、基本的には、「壊《こわ》れたところを取り換《か》えればよい」「修理をしなくては駄目《だめ》だ」というような考え方で成り立っています。

そのため、たとえ死んだとしても、「今の自分は霊的存在だ」という認識に移行するのがとても難しく、なかなかできません。唯物論を頑固《がんこ》に信じ込《こ》んでいる人には、「唯物論は、仏教で言う邪見《じゃけん》に当たるのだ」ということを、そう簡単には分かってもらえないのです。

知識的に固まりすぎている人ほど、説得できません。あの世で、いろいろと霊的現象を起こし、霊界《れいかい》であることの証明をしても、そういう人は、「幻《げん》覚《かく》か何かを見ているのだ」と理解してしまうのです。

今の日本には、「神は存在しない。それは、脳がつくった存在だ」と言っている学者もいますが、この人も、あの世へ還ったら大変で、本当に、どうしようもないでしょう。「こういう人には、唯物論者が霊界でよく入る〝繭《まゆ》〟

のなかに入ってもらうしかない」と私は考えているのですが、そのまま何百年か放っておかれるだろうと思います。

この世的に「優《すぐ》れている」と思われている人が、残念ながら、けっこう世を迷わせているところはあるのです。

最近になって発達したことは、優れているようには見えます。しかし、「昔からあるものが必ず間違っているわけではない」ということを知っておかなければいけません。

私は医学そのものを否定しているわけではないのですが、やはり、病気の根本《こんぽん》には、非常に不思議なもの、霊的なものがあります。「この世の人たちが霊的なものを信じなくなったことにより、かつては治すことのできた病気が、今、治らなくなっている。そのような病気も多い」と言えるのです。

霊体《れいたい》を修復すると、肉体も治る

前述したように、肉体の病変は、その前に、霊体《れいたい》のなかで最も外側にある幽体の異変として生じます。幽体の一部が、すでに病《や》んでいて、その部分が黒ずんでいるというか、そこに異変が生じているのです。まず霊体に病変が生じてきて、それが肉体に現れてくるわけです。

病気を治すに当たっては、外側（肉体）から治療《ちりょう》するやり方も、当然、あることはあるのですが、内側（霊体）から治すことも可能です。

霊体のなかには、神の子、仏の子としての光り輝《かがや》く部分があるので、この光の部分が、「霊体の最も外側にできた、病んでいる部分を修復し、治していこう」という気持ちを強く持っていると、そこが治ってきはじめるのです。

そして、霊体のほうの修復が終わると、肉体のほうも治ってきます。

このへんは、なかなか難しいところですが、あの世へ行くと、実際には、もう、これしか方法はなく、霊体を治すしかありません。

別な言葉で言えば、念《おも》いによって自分の姿形を変えられる世界が、あの世です。それが人間の本当の姿であり、この世の肉体は、その影《かげ》のようなものなのです。

みなさんは、肉体について、「非常に確固《かっこ》としたもの」と思っているでしょうが、現実には、そうではありません。

肉体をつくっている分子は、さらに小さな原子でできています。

そして、原子の構造そのものを見ると、原子核の部分を、例えば、フットボール場の真ん中に置いてある一個のフットボールだとしたら、周りのスタンドの辺りを、電子がグルグルと回っているにすぎません。その程度のスカスカな状態なのです。

そのような状態のものが一種の磁場をつくり、一個の原子を形成しているのですが、その原子が集まって分子ができ、分子が集まって肉体ができているわけです。

そのため、肉体は、実際にはスカスカです。肉体は、固いものではなく、スカスカのものが集まり、くっついているだけの状態なのです。

したがって、「〝設計図〟を変えると、〝建物〟も変わってくる」と言えるでしょう。

心のあり方に合わせて肉体も変わる

この世的なことが原因で、体の具合が悪くなることは、もちろんあります。物質的なことや事故など、いろいろな原因があります。しかし、その場合には、この世のルールに基づき、多少なりとも生活のあり方を変更《へんこう》することで、体を治すことは可能です。

例えば、肥満に関しては、食べる物を調節し、カロリー摂取量《せっしゅりょう》を減らせば、簡単に痩《や》せます。あるいは、タバコを吸いすぎて肺ガンになったのなら、タバコをやめれば、治る可能性は高いのです。

ただ、「人間の体は、車と同じような物であって、変わらないものだ」という考え方を捨てないと、宗教パワーで病気を治そうとしても、治しづらいのです。

あくまでも、本体は霊体のほうであり、霊体のほうからの影響《えいきょう》によって、肉体も変わってくるわけです。魂《たましい》のあり方、心のあり方は、外側に、だんだん、にじみ出てきて、少なくとも人間の外見に表れてきます。同じように、それは体のあり方にも影響するのです。

この地上を去った世界では、人間は、本来、自由自在に思いどおりの姿をして、非常に創造性に満ちた生き方ができます。

みなさんは、「自分の体を、いかようにも変化させることができる」ということを、やがて、あの世で学ぶことになります。

そして、この世でも、心のあり方に合わせ、姿が変わってくるようになります。これは天台大師《てんだいだいし》の説いた「一念三千《いちねんさんぜん》」によく似たものです。

病気が、この世的な不節制、不養生《ふようじょう》によって起きているのであれば、それは、「穴の開《あ》いたバケツに、いくら水を注いでも、水は溜《た》まらない」というようなものです。

この世的な不節制、不養生の部分で、病気との因果関係のはっきりしているものがあれば、それに関しては、多少、努力して変え、精進《しょうじん》しなければいけない面はあるでしょう。

一方で、「あの世では、すべてが霊体である。この世なんか、どうでもいい」などという考えもあろうかとは思います。

しかし、この世には一定の法則があるので、あまり無茶をしないことが大事です。医者が言っているのも、全部が間違っているわけではなく、「これは体に悪い」とよく言っていることは、だいたい合っているのです。

ただ、医者が、「一生、絶対に治らない」と言う場合には、間違っていることはよくあるので、「そんなことはない。人間は、その考え方によって、人生を変えることができる」と考えなくてはなりません。

「このようになりたい」と強く願うと、その方向に行く

本書の第1章でも述べたように、筋肉には、随意筋《ずいいきん》といって、自分の思うように動かせる筋肉、自分の自由になる筋肉と、内臓などのように、自分の思うようには動かない不随意筋があります。なかには、思うがままに腸を動

かしたりする人もいるかもしれませんが、不随意筋は、通常、そう簡単には動かないとされています。

ところが、不随意筋も、肉体の一部である以上、まったく意志の影響が出ないものではないのです。

随意筋と不随意筋の違いは、例えて言えば、動物と植物の違いのようなものです。

動物は簡単に動きますが、植物は、ジーッと静止しているように見えます。しかし、長時間、録画して、その映像を見れば、植物も、成長し、日の光のほうに花や葉を向けるなど、いろいろと動いています。日当たりがよく、水があるほうに伸《の》びていったりして、自分に都合のいいように動いているのです。

このように、録画した映像を高速で再生すると、植物も動いていることが分かるわけです。

不随意筋と言われ、自由にならないと思われている部分も、植物と同じで、実は、じっくりと時間をかけて変化しているのです。

それは不随意筋だけではありません。頭蓋骨《ずがいこつ》も含《ふく》めた骨や脳の中身などもそうです。それらは自分の自由にはならないため、多くの人が苦しんでいると思いますが、実は、一定の方向付けを与《あた》えて訓練していくと、やはり、少しずつ変わっていくものなのです。それを知らなければいけません。

「このようになりたい」と強く願っておくと、速度の遅《おそ》い速いはありますが、その方向に、だいたい変えていくことができます。

人間には、そういう「創造する力」があります。その力は、よい創造のほうに発揮できると同時に、悪いほうにつくり変える力、悪いものをつくっていく力としても発揮できるのです。

そして、悪いほうの創造が、実は病気であることが多いわけです。

病気のもとになるのは、たいていは精神的なショックです。また、自分自身のなかにある自己処罰《しょばつ》の観念や、自分をあまりにもいじめる気持ちのようなものが、潜在意識《せんざいいしき》に沈殿《ちんでん》していき、病気になることもよくあります。

そうしたことに気をつけてください。

自分のなかにある、そういうものに気がついたら、それを直していかなくてはなりません。思いのほうから修正をかけていくのです。

3 生霊《いきりょう》や不成仏霊《ふじょうぶつれい》が肉体に与《あた》える影響《えいきょう》

生霊《いきりょう》とは、「守護霊《しゅごれい》」に「本人自身の強い念《おも》い」が合体したもの

特定の人を、あまりにも恨《うら》みすぎていると、自分自身が病気になってしまうこともあります。逆に、相手から嫌《きら》われたり恨まれたりしているために、自分が病気になることもあります。これに気をつけなくてはいけません。

こうしたことについては、意外なことに、現代人よりも平安時代の人のほうがよく知っていました。

平安時代の人は、陰陽師《おんみょうじ》を呼んできて、よく病気治しをしていました。当時の文献《ぶんけん》には、「生霊《いきりょう》が来て、取り憑《つ》いている」という話がよく出てくるの

ですが、現在の時点で、私の感触《かんしょく》を述べると、「生霊は、やはり存在する。そういう現象は、実際にある」と言わざるをえないのです。

「生霊」といわれるものの正体は何かというと、本人の守護霊《しゅごれい》でもありますが、それだけではありません。守護霊に本人自身の強い念《おも》いが合体しています。守護霊と、本人自身の念、つまり、地上に生きている人の念いが合体して、グワーッとやってくるのです。

特定の相手に執着《しゅうちゃく》し、相手に対して、攻撃《こうげき》する念いや嫌う念い、「クビにしたい」「どこかに飛ばしてしまいたい」「死んでしまえ」などというような念いを持っていると、それが、相手のところに行き、ペタッとへばりつきます。そのようにして、相手に病変が表れてくるケースは多いのです。

そのため、これを取らなくてはいけないわけですが、当時、それは陰陽師の仕事でした。その意味で、昔、陰陽師は医者の役も果たしていたのです。

そういう呪《のろ》いは現実にありますし、その呪いに対し、「呪い返し」をして、呪ってきた相手に返してしまうことも行われていたようです。

また、当時の政治家は、「念力、呪力《じゅりょく》で、政敵を失脚《しっきゃく》させる」ということもしていました。そして、「向こうは念力の強い人を雇《やと》っているらしい」と気づいたら、こちらも念力の強い人を雇って打ち返したりしていたのです。

そのように、当時は非常に霊的な時代ではあったと思いますが、念についての考え方には、ある程度、当たっている面はあります。

霊的なことについて、現代の人には、あまりにも無知なところがあるように思うので、そういうものを勉強しておくことも大事だと思います。

基本的に、生霊などは、当会の根本経典《こんぽんきょうてん》である『仏説《ぶっせつ》・正心法語《しょうしんほうご》』で、かなり打ち返せます。そのなかの経文を私が読み上げたCDをかけていると、だいたい取れるのです。

また、当会の教えにある反省修法《しゅうほう》なども非常によく効きます。

心のなかに、過去のさまざまなものが、ヘドロのように溜《た》まっている場合があるので、過去の思いや行いを反省し、それをきれいにしなくてはいけません。

そういう反省、あるいは祈願《きがん》などを、いろいろと行い、少しずつ、きれいにしていく必要があります。病気の原因になっているものが内部にあったら、それを取っていくわけです。

病死した人の霊《れい》が取り憑《つ》くと、その人と同じ症状《しょうじょう》が出る

病気には、肉体的な原因で起きるものもありますが、人間関係や、いろいろな思いで起きるものもあります。

また、悪霊《あくれい》の取り憑《つ》き型の病気は、けっこう多く、私は、著書において、

その割合を病気全体の七割と書いたり八割と書いたりしています。統計が取れないのではっきりとは分からないのですが、霊的な作用が及《およ》んで病気になっているケースが、やはり七割前後はあるように思われます。

そして、ある病気で亡くなった人の霊が取り憑くと、取り憑かれた人には、その病気とそっくり同じ症状《しょうじょう》が出てくるのです。

例えば、ある家系に代々出る病気というものがあります。これは、医学的には、おそらく、「遺伝による病気だ」と言われるのでしょう。

ただ、肉体的な遺伝による場合もあるのかもしれませんが、死んだ人が家に居座っていて、不成仏霊《ふじょうぶつれい》として子孫に取り憑いているために、同じ症状が出てくることもあるのです。これを知らなくてはいけません。

こうした悪霊の取り除き方は、生霊への対処法と基本的には同じですが、本人が心正しくピカピカになって生きていれば、悪霊は去っていきます。

もちろん、不成仏霊を供養することも可能です。

この「病死した人の霊に取り憑かれると、その病気と同じ症状が出てくる」ということについては、私も実体験として見たことがあります。

『超《ちょう》・絶対健康法』にも書きましたが、私の祖母は、けっこう念力が強い人でした。

祖母には子供が八人いましたが、祖母は口が悪く、少しわがままだったので、晩年、子供たちが面倒《めんどう》を見てくれなくて、病院に預けられていました。

そのため、祖母は、娘《むすめ》や息子《むすこ》を呼び寄せようとして、「来い、来い」と念じながら、子供の名前を紙に書き、こよりにして、ベッドの後ろの手すりに縛《しば》り付けておいたのです。

書かれた人のほうは、頭が痛くてしかたがなく、「これは、おばあさんが呼んでいるに違《ちが》いない」と思って、病院に行くと、案の定、自分の名前を書いた紙が縛り付けてあるわけです。

祖母は、おそらく一種の超能力者だったのでしょう。その祖母が死んで一年後ぐらいだったでしょうか、あるいは、死んだ年かもしれませんが、次のようなことがありました。

それは、お盆《ぼん》のころで、私が田舎《いなか》（徳島県）に帰っていたときだったのですが、突如《とつじょ》、母の体に異変が起きました。「ハアハア、ゼイゼイ」と荒《あら》い呼吸をし、脂汗《あぶらあせ》をかきながら、横たわって上を向き、「心臓が苦しい」と言って、今にも死にそうな様子でした。

客観的に見て、「救急車を呼ばなくてはいけないのではないか」というような状況《じょうきょう》だったのですが、お盆だったため、私は、「待てよ。これは怪《あや》しい。何かが来ているのではないか」と考え、母に霊的なパワーを入れてみました。

そうすると、案の定、憑依霊《ひょういれい》が出てきたのですが、それは、亡くなってまもない祖母でした。

そして、祖母の霊は、「お盆だけは地獄《じごく》の門が開《あ》くので、家に帰ることができる。門番が夏休みを取るので、今、門が開いて、地獄から出られた。だから、帰ってきた」と言ったのです。

それで、母に、祖母が亡くなったときとそっくりの症状が出たわけです。

母の異変の理由が分かったので、私は、祖母に少し説教をし、『正心法語』を読んで、あの世に還《かえ》しました。祖母は、今は天国に還っているのですが、当時は、死んでまもなかったこともあり、地獄にいたのです。

そのときの母は、息も絶え絶えで、「救急車を呼ぼうか」と言っていたのですが、祖母の霊が外れたら、急にスッと立ち上がり、五分後には、立って台所仕事をしていました。「こんなことがあるのか」と思うぐらいの変身ぶりだったのです。

何百キロ離《はな》れていても除霊《じょれい》ができる

同じようなことが、もう一回だけありました。

そのとき、私は東京にいたのですが、母が電話をかけてきて、「体の調子が悪い。また何かが来ているのではないか」と言うのです。

しかし、すぐには徳島県まで帰れないので、東京から電話で除霊《じょれい》をすることにしました。そういうこともできるのです。

母に受話器を持っていてもらい、「では、これから『正心法語』を読むから、聴《き》いてください」と言って、『正心法語』を読み、除霊をしたところ、しばらくして母は完全に治りました。

そのころは、私の父である善川三朗《よしかわさぶろう》（幸福の科学名誉顧問《めいよこもん》）がまだ健在だったので、そのことを父に言ったところ、父は、「まるで、わしに力がないみたいではないか」と言って怒《おこ》っていました。父には秘さねばならないことであったなと思います。

ただ、「何百キロ離《はな》れていても除霊ができる」ということは、やはり驚《おどろ》きではありました。先ほどまで苦しんでいた人が、その除霊によって、階段を楽に歩ける状態になったのです。

このように、病気で亡くなった人の霊が来た場合には、生前のその人と同じ症状が、けっこう出てきます。

したがって、「がんセンター」や「ガン病棟《びょうとう》」などは、本当は、あまり好ましいとは言えないのです。そこには、そこで死んだ人の霊が大勢いて、そういう霊にヒュッと憑依されると、その人と同じ症状が出る可能性もあるので、そういう施設《しせつ》が本当によいかどうか、疑問がないわけではありません。

病院で治るものは治してもよいのですが、病院は、あまり長くいる所ではないと思います。快方に向かったら、早めに逃《に》げ出したほうがよいかもしれません。

また、ほとんどの病気は治りますが、寿命《じゅみょう》が来ている場合には、しかたがありません。千歳《さい》、二千歳と生きたら周囲の邪魔《じゃま》になるので、あきらめなくてはいけないのです。

「家族や本人にとって大事なときに死なないようにする」というのは、ありがたいことです。そういう大事なときに死ぬと、不成仏霊になりやすいので、それを上手に乗り越《こ》して、「もういいかな」と思うときに、あの世にお呼びいただくことがベストではないかと思います。

4 「信仰《しんこう》パワー」で病気を治そう

強く念《おも》えば、拡張した心臓を縮めることも可能

二〇〇九年七月に臓器移植法が〝改正〟されました。

それまで、日本では、法律上、子供の臓器移植ができないため、「寄付金を何千万円も集めてアメリカへ渡《わた》り、そこで移植手術をしてもらう」ということが行われていました。

ただ、「それでは困る。国内でも、子供からの脳死下での臓器提供ができるようにしたい」という理由で、臓器移植法を〝改正〟したのです。

しかし、脳死の段階では、実際には、まだ死んでいないので、これでは、

子供に対する〝合法的殺人法〟を成立させたことになるわけです。

国会は「人を死刑《しけい》にする法律」もつくれます。その意味では、国会には、〝人を殺す権利〟とでもいうべきものがあり、そういう法律をつくっても別に構わないのですが、「死にかけの人は死人とみなす」という内容の法律をつくられたら、国民にとっては〝それまで〟なのです。

「心臓移植をしなくてはいけない」と言われているのは、主に「拡張型心筋症《しょう》」という病気です。

大きくなった心臓を縮めて元に戻《もど》すと、その病気は治るのですが、医者の常識では、「心臓は、ボール紙か布みたいなものを貼《は》り合わせたようになっているので、いったん大きくなった心臓は、もう縮まらない」ということになっています。

そのため、医者は、その病気の治療《ちりょう》に当たって、「他の人の心臓をもらい、心臓を取り換《か》えるしかない」という考えを持っているのです。

しかし、実は、大きくなった心臓を縮めることは可能なのです。

これは医学の常識には反しているのですが、実際に縮むことは間違《まちが》いありません。信仰心《しんこうしん》のある人は、実例に当たったときに、実験をしたらよいと思います。実際に縮みます。

もっとも、「縮めよう」と強く念《おも》わなければ駄目《だめ》です。「縮んだほうがよくなるのだ」と心臓に話しかけるわけです。心臓が大きいと収縮力が弱くなるのですが、小さいと収縮に都合がよいので、心臓の働きが楽になるのです。

拡張型心筋症は「治らない」と思われていますが、ほとんどは治ります。

不可能が可能になる時代が到来《とうらい》している

ただ、どうしても治らない病気はあります。天命として、もう死んでもらわないと困る場合があるのです。また、病気をすることが今世《こんぜ》の人生計画であるケースもあり、その場合には、治らないこともありますが、たいていの病気は、治すことが可能だと私は思っています。

病院で治る病気は病院で治してくださって結構ですが、難病・奇病《きびょう》ほど、霊的《れいてき》なものが関係していることが多いと思うので、病院で治らず、医者が「駄目です」と言ってギブアップしたら、いよいよ当会の出番かなと思っています。

病院で治らなくなったら、あとは信仰パワーで治してください。「治してもよい人」であれば治せるのです。当会の教えを本当によく理解したら、治らないはずはないことが分かります。

さらに、最近は宇宙人パワーまで引いてきはじめていて、これまでの霊的なヒーリングを超《こ》え、「スーパー・ベガ・ヒーリング」などの祈願《きがん》も始まっています。

不可能が可能になる時代が、すでに到来《とうらい》しているのです。

現代人は、なかなか信用できない話でしょうが、死んだイエスは復活したと言われていますし、オフェアリス（紀元前四千数百年ごろ、ギリシャの地に生まれた光の大指導霊《だいしどうれい》。エジプトの神話ではオシリスと言われている）も、殺されてバラバラにされたあと、その死体をつなぎ合わせて復活させたことになっています。

現代の外科医が聞くと引っ繰《く》り返るような話ですが、私の宇宙人リーディング（霊査《れいさ》）によると、ベガ星人が彼らを復活させたそうです。科学技術の進んだ星の技術を使えば、それは可能でもあろうと思います。

今、そういう宇宙人パワーも引いてきているところなので、これから、病気の治り方は、いっそう加速され、〝新幹線〟以上の力が出て、〝リニア新幹線型〟の治り方をするかもしれません。

あとは、教団全体として、信仰空間を上手につくり出していくことが大事だと思います。そうすれば、もっともっと奇跡《きせき》は起きるでしょう。

なお、本章のもとになった説法は録画してあり、幸福の科学の支部や精舎《しょうじゃ》で観《み》ることが可能です。ＤＶＤで観ても病気治療の効果はあるので、納得がいくまで、繰り返し見てくださって結構です。

第3章

ガン消滅《しょうめつ》への道

1「病気治し」は宗教の王道

「ガン消滅《しょうめつ》」は宗教では古典的テーマ

本章の章題は「ガン消滅《しょうめつ》への道」です。

これは私にとっては珍《めずら》しいテーマであり、過去、あまり語っていないものではあるのですが、宗教においては古典的なテーマです。戦前にできた宗教で、「ガンが消える」という話をしていないところは、ほとんどありません。むしろ、これで伝道しているところが大部分だったと思うのです。

ただ、戦後は、医学や病院がかなり発達したこともあって、宗教のほうでは、若干《じゃっかん》、それを言いにくくなってきつつあることも事実です。

しかし、幸福の科学でも、月刊「幸福の科学」などによく掲載《けいさい》されるように、ガンが消滅した話は数多くあるので、そろそろ、宗教らしく本気で「病気が治る」と言ったほうがよいのではないかと思います。かなり実証力も出てきたので、そろそろ着手したいと考えています。

当会は、宇宙人研究に着手してみたり、政治活動に着手してみたりと、いろいろなことに着手しているのですが、「病気治しも宗教の王道である」と考えています。そろそろ、自信を持って話をしてよいころだと思うのです。

私と質疑応答をした人の潰瘍《かいよう》が消えた

昨年（二〇一〇年）の夏、私は、信州の、ある支部で説法をしたのですが、法話のあとで質疑応答があり、そのなかで、五十代の男性から質問を受けました（本書第4章の第1問として収録）。

その男性は会場に八十代のお父さんを連れてきており、「父は耳の病気に罹《かか》っており、ほとんど耳が聞こえません。また、私が仏法真理《ぶっぽうしんり》の話をしても、なかなか聞き入れてくれません。どうすればよいでしょうか」というようなことを質問したのです。

それを聴《き》いた私は、その場でリーディング（霊査《れいさ》）を行い、「お父さんの耳がよく聞こえない原因は、お父さんではなく、あなたにある。あなたの説教癖《へき》がきつく、それを『聴きたくない』と思っているうちに、お父さんは耳がよく聞こえなくなったはずだ。原因は、あなただ」というようなことを言って、大勢の前で息子《むすこ》さんのほうに原因があると断定しました。

息子さんにとっては予想外の答えだったでしょう。自分は仏法真理の勉強をし、精進《しょうじん》に努めているのに、自分のほうが怒《おこ》られるとは意外だったと思います。

「父に何かが取り憑《つ》いていて、それで父の耳が聞こえないのだろう。それを大川総裁が外してくれないだろうか」と思い、「あなたは、ここが悪かった」というようなかたちで、私が父親に説教をするだろうと考えていたのかもしれません。

ところが、怒られたのは自分のほうで、「あなたが悪い。子供として親を責める気持ちが非常に強い。その気持ちを直さなければ、お父さんの病気は治らない。あなたの話を聴きたくないという気持ちが、耳を聞こえなくしているのだから、あなたに問題がある」と指摘《してき》されたわけです。

その答えを聞いて驚《おどろ》いたものの、息子さんは、それを受け入れました。

そのときは、そこまでの話だったのですが、これには後日談があるのです。

実は、息子さんには、前月の健康診断《しんだん》で十センチほどの直腸潰瘍《かいよう》が見つかっていました。ところが、私に叱《しか》られ、しっかりと反省をした息子さんが、病院で再検査を受けたところ、その潰瘍が消滅しており、医者が驚いてしまったのです。

私は、別に、息子さんを治そうと思って、そう言ったわけではありません。「あなたが悪い。お父さんに対する、あなたの態度は間違《まちが》っている」と指摘しただけです。

しかし、それは、息子さんにとって、考えたこともなかった内容であり、彼は、「自分のほうが悪かったのか」と思って反省をしたのです。てっきり「親父《おやじ》が悪い」と思い、父親に功徳《くどく》を積ませるため、幸福の科学の支部に連れてきたのに、自分が怒られてしまったわけです。帰ったあとで、反省をしたところ、自分にあった潰瘍がなくなってしまいました。

父親の耳ではなく、まったく関係のない、自分の潰瘍のほうが治ったのです。全然違うほうに効果が出たのです。

これは信州の某《ぼう》パワースポットでの出来事です。つい最近のことであり、遠い昔の話ではありません。

私は一回もそれを治そうとしていないのです。考え違いを指摘し、心を改めるように叱っただけなのですが、その人の潰瘍が消え、病気が治ったのです。そういうことがあるわけです。

見えていなかった原因に気づくと、病気が治ることが多い

人間は、意外に考え違いをしていることがあります。自分を客観視するのは難しいため、考え違いをしていて、何かほかのものに原因を求めていることがあるのです。病気は、その典型的なものです。

ただ、風邪《かぜ》などのように、通常よくある病気は物理的な原因で起きます。真冬に薄着《うすぎ》で外を歩けば、たいていは風邪をひきます。それは当たり前のこ

とです。

そういう病気ではなく、治すのが難しい、重い病気になるときには、何か精神的な原因があります。しかも、実は、本人の気づいていないことが原因である場合が多いのです。自分に見えていない部分があり、それが水面下でずっと進行しているため、病気が進んでしまうことがあるわけです。

私の著書のうち、「病気治し」をテーマにしたものとして、『超《ちょう》・絶対健康法』という本があります。

これを、私の秘書の一人が、その人の祖父に差し上げたところ、普段《ふだん》は当会の本を読まないのに、この本だけは読んでくださったそうです。そして、その人の祖父は認知症《にんちしょう》で、いわゆるボケ老人だったのに、同書を読んだだけで、それが医学的に治ってしまったのです。

これは、私の身近にいる人の話なので、信憑性《しんぴょうせい》が極めて高く、相手も生存しているので、確認できる事例です。

このように、「当会の本を読んだだけで認知症が治る」ということも起きていて、「どのようなかたちで、どの病気が治るか」ということについては、いろいろなケースがあります。

ただ、本人が気づいていないことが原因で、病気になっている場合が多いため、「本人が病気の原因に気づくことによって、その病気が治る」という傾向《けいこう》が非常に強いのです。

心のなかには、自分には見えない部分があります。それが病気をつくっている場合には、真理に照らされることによって、そこを自覚すると、病気の崩壊《ほうかい》が起きはじめ、治ってしまうのです。

結局、霊的なものが人間の本質であり、その霊的なものが肉体に宿って、肉体に影響《えいきょう》を与《あた》えています。実は、霊体のほうが「主」であり、肉体は「従」

なのです。

要するに、当会の根本経典《こんぽんきょうてん》『仏説《ぶっせつ》・正心法語《しょうしんほうご》』のなかにある、「真理の言葉『正心法語』」という経文に書いてあるように、「肉体は霊の影《かげ》である」という考えを持てば、心のあり方を変えることによって、肉体に変化が表れてくるのです。

ただ、「心のなかのどこが、歪《ひず》んだり、間違ったりしているか」ということについては、仏法真理の教学《きょうがく》や法友《ほうゆう》たちとの会話などを通し、自分自身で発見しなければいけないのです。

信仰心《しんこうしん》が立たないうちは、宗教では病気はあまり治らない

通常の軽度の病気は別として、「ある程度、人生に影響を与えるような、大きな病気であっても、おそらく七割程度は治せるのではないか」と私は思

っています。

当会では、その手の話が、すでに、たくさん出てきているので、「そろそろ、方法論をきちんと体系化しなければいけない時期ではないか」と考えています。

私が、従来、「病気治し」をなかなか説かなかったことには、理由があります。

それは、結局、信仰心《しんこうしん》が立たないと、宗教では病気はあまり治らないからなのです。信仰心が立っているかどうかが、まず大事です。

キリスト教の『聖書』を読むと、イエスは、「汝《なんじ》、われを信じるか」ということを、繰《く》り返し言っています。「信仰心があるかどうか」ということを相手に問いかけ、「信じているとおりになれ」と言っています。信仰心が立たないと治らないのです。

なぜなら、「信仰心が立たない」ということは、この世ならざるもの、あるいは、この世を超えた、はるかなる「偉大《いだい》なる力」を信じようという心がない証拠《しょうこ》だからです。

この世だけに閉じ込《こ》めて考えれば、どうしようもないのです。近代医学では、人間の体のことをかなり唯物論《ゆいぶつろん》的に考え、本当に、車の故障のように人体を扱《あつか》ってしまうことがあります。

ところが、人間の体には病気を治癒《ちゆ》する能力があるのです。

病気の治療《ちりょう》では、手術をしたり、薬など、さまざまな〝道具〟を使ったりします。しかし、それだけでは駄目《だめ》で、本人自身に治癒能力が備わっていなければ、病気は治らないのです。

「手術をしたら治る」というのは迷信です。手術では肉体を切りますが、昔で言えば、これは割腹《かっぷく》自殺に近いものです。体を傷つけ、本当なら出血多量で死ぬようなことをして、「治る」と言っているのですが、本人が「手術をしたら治る」と思っているから、治ってくるところもあるのです。

医者は「悪いところを切除すれば治る」と考えますが、「その悪い部分をつくれる」ということは、もともと、そういうものの製造能力が体に備わっていることを意味しています。

そのため、どこを切除されても、別の部分に同じものをつくろうとすれば、つくれるのです。これを「転移」と言ったりもします。

したがって、根本《こんぽん》のところを治療しなくてはならないのです。

2 なぜ、ガンになる人がいるのか

善人でも、ガンになることはある

病気は数多くあるので、一つひとつの症例《しょうれい》について説くのは、なかなか難《なん》儀《ぎ》ではありません。

そこで、本章では、特にガンについて重点的に述べたいと思います。『超《ちょう》・絶対健康法』でも述べましたが、念のため、もう一度、述べておくと、「悪人はガンに罹《かか》るが、善人はガンに罹らない」というわけではありません。

一生懸命《いっしょうけんめい》に努力し、活躍《かつやく》した人であっても、ガンになって亡くなるケースはよくあるのですが、そういう人は、「あの人は悪人だったのか」と他の人から思われると、悔《くや》しくて成仏《じょうぶつ》できなくなるでしょう。

しかし、悪人だからガンに罹るわけではありません。ガンという病気は、三大死因の一つであり、単なる死に方の一類型です。大勢の人がガンで亡くなりますが、全員が悪人であるわけではないのです。

ただ、ガンに罹るときには、一定の法則がないわけではありません。その法則が働けば、善人であってもガンに罹り、亡くなることはあります。

そういう人は、たいてい、責任感が非常に強いため、とても困難な仕事を引き受け、プレッシャーを感じ、悩《なや》んだり苦しんだりと煩悶《はんもん》することが多いのです。その悩みや苦しみ、ストレスが実体化し、かたちを持って現れると、病気になります。その際に罹る病気は、いろいろありますが、典型的なものの一つがガンなのです。

異物が体の内側にできると腫瘍《しゅよう》で、外側にできればイボ

ガンにおいては、体のなかに、「人体の設計上、本来、あるはずのないもの」ができてきます。内臓などに異物ができるのです。

まずは腫瘍《しゅよう》ができ、その腫瘍が発達してガンになります。そして、それが大きくなって広がると、その人は、「転移しました。もう治せません。手遅《ておく》れです」などと医者から言われ、その後《ご》、亡くなるわけです。

ただ、内臓など体の内側にできるから腫瘍なのであって、外側にできたら、それは、ただのイボです。体内に腫瘍ができることは、体の外側にイボができることと、実は同じなのです。

みなさんも、イボができることはあるでしょう。

私も、一九九〇年ごろ、以前よりも太ったら、首の近くの左頬《ほお》にイボがで

きましたが、痩《や》せたら、なくなりました。単純に、それだけのことです。要するに、余った脂肪《しぼう》や老廃物《ろうはいぶつ》が外側に出てきたのです。今はありません。まったくなくなりました。

それと同じように、内臓にイボができているような状態が腫瘍です。イボは、体にとって不要であり、「排泄《はいせつ》したい。体の外に出したい」と思われている毒素のようなものが絞《しぼ》り出され、実体化してきたものなのです。それが体の外側に出たらイボであり、いろいろな薬をつければ治ることもありますが、体のなかにできると、「大変だ」ということで、手術になったりするのです。

私は、高校の二年生や三年生のころから、大学に入ってまもないぐらいのころまで、手などにイボができることはよくあったのですが、その後《ご》は、前述した事例を除き、できなくなりました。

当時、「イボにはハト麦がよい。ハト麦を煎《せん》じた汁《しる》を飲み、煎じたあとのハト麦をイボの上に貼《は》り付けておけば、イボがなくなる」と言われたので、実践《じっせん》してみました。本当に効いたのかどうか、よく分からないのですが、確かに、いつのまにかイボがなくなったので、効いたのかもしれません。

よくよく考えてみると、そのころには大学受験のストレスもあったと思います。そこで、元気をつけようとして、いろいろと食べたため、太ってきていたのです。

しかし、大学に入ってからは、体育の授業が始まり、また、食を節《せっ》して本を買ったため、気がつくと、一学期で、七、八キロ、減量していたのです。

それからあとは、イボを見たことがほとんどないので、実は、「太るとイボができる」という、それだけのことかもしれません。

内臓に異物ができる場合も、結局、「毒素のようなものを排泄したい」という気持ちが、そういう異物をつくっているのだと思われます。

それは必ずしもガンにしなくてもよいものでしょう。別のかたちで体から出してしまえば、ガンにはならないものだろうと思うのです。

潜在意識《せんざいいしき》にある「自己破壊《はかい》願望」はガンの原因となる

先ほど、ガンになりやすい人の精神的傾向《けいこう》について言及《げんきゅう》し、「ガンになりやすい人は悪人ばかりではない」という、慰《なぐさ》めの言葉も述べておきました。

ただ、「怒《いか》りを溜《た》めすぎると、ガンになりやすい」という点は、一つ指摘《してき》しておきます。腹が立ってしかたがないときに、その怒《いか》る心を、あまりにも溜め込《こ》みすぎると、ガンになりやすいのです。そういう傾向があります。

一方、怒りをストレートに外に出す人は、周りから非常に顰蹙《ひんしゅく》を買う人格の持ち主ですが、その場合には、自分は病気にならず、相手を病気にしてしまうことがあります。

また、「試験に落ちる」「事業に失敗する」「失恋《しつれん》をする」「事故に遭《あ》う」など、何らかのかたちで精神的なショックを受けると、病気になることもあります。

そういう精神的なショックを受けたときには、何かの病気になろうとして、体が病気の出やすい部所を探し、そこに病気が出てくることがあるのです。

その人の体質が、非常にガンをつくりやすい体質であれば、病気はガンとして出てきます。また、血管系の病気として出る場合もあれば、脳の病気として出る場合もあります。

なかには、世にも不思議な病気を自分でつくってしまう人もいます。見たことのないような病気をつくる人もいるのです。

ガンになる場合には、一般的《いっぱんてき》に、人生のなかで、何か不都合な事件との遭《そう》遇《ぐう》を転機として悩みが生じ、「自分を破壊《はかい》したい」という自己破壊願望が潜《せん》在意識《ざいいしき》において進んでいることを意味します。

当会は「自殺防止キャンペーン」を続けてきていますが、実は、自分自身に対しても〝自殺防止キャンペーン〟をしなくてはいけません。知らないうちに〝自殺推進キャンペーン〟をしていることがあるのです。

何か大きな失敗をしたりすると、恥《は》ずかしくて、死んでしまいたくなることがあるでしょう。そういう気持ちが病気をつくっているのです。

しかし、自分にとっては、人生において、ものすごく大変で難儀なことに遭遇し、苦しんでいるように思えても、ほかの人から見れば、それほどでもないことはよくあります。「岡目八目《おかめはちもく》」といって、ほかの人が遠くから見たら、「そんなことは、よくある話ではないか」という場合は多いのです。

例えば、「会社の経営が傾《かたむ》いており、潰《つぶ》れそうだ」ということは、その会社の社長にとっては天変地異並みの衝撃《しょうげき》だと思うのですが、世間を見れば、毎年、二万社近くもの会社が潰れているのですから（説法当時）、その業界の景気が悪ければ、経営が傾いて会社が潰れることもあるでしょう。

しかし、それについて、あってはならないことのように考え、衝撃を受けすぎると、社長は、たいてい病気になります。

病気になると、会社が潰れる前に、早くも責任回避《かいひ》ができ、「体調が悪いから」と言って、事業がうまくいかない理由を説明できますし、倒産《とうさん》しても、「本来は、潰れるべきではない会社なのだが、私が病気をしたために潰れてしまった」と言って、責任を逃《のが》れられるところがあるわけです。

そのため、会社の経営が傾くと、社長の肉体の破壊が始まります。表面意識では、肉体を破壊しようとは思っていませんが、潜在意識という、水面下の心が、実は、自分のプライドを護《まも》るために、それを考えるのです。

失敗をしたくないと、そういうことが起きるわけです。

乳ガンや子宮ガンになりやすい人

男女間の問題でも、同じようなことがあります。夫婦関係などがうまくいかないと、ガンになる人は、とても多いのです。

女性であれば、乳ガンや子宮ガンになることは非常によくあります。夫婦喧嘩《げんか》などで葛藤《かっとう》が起き、その思いをずっと溜め込んでいたりすると、女性特有の部分にガンができることがあるのです。

それは善悪の問題とは言えません。人間関係で、調整がつかない状態になり、苦しみや悩みが生じるのは、よくあることではあります。そして、それが体の部位に現れてくるのです。

最近は、主婦ではない独身女性にも乳ガンが増えているそうですが、これ結婚《けっこん》についても、「おそらく葛藤があるのではないか」という気はします。「結婚し、子供を産んで育てたい」という家庭願望と、「仕事をしたい」という願望とがぶつかって苦しんでいると、乳ガンなどになりやすいのではないかと思います。

なぜなら、そういう病気になると、それが、結婚のほうを捨てるきっかけになるからです。仕事のほうに特化したい気持ちが強くなると、そうなる場合もあるのです。

また、子宮には、夫婦関係や親子関係の問題が原因となって病気がよく発生するのですが、その前に、夫婦間や親子間で、怒りの応酬《おうしゅう》がかなりあるでしょうし、不満のようなものが、そうとう溜まっていると思われます。

3 病気と闘《たたか》うための考え方

病気は「本人のプライドを保護する役割」も果たしている

病気というものは、ある意味では、本人自身に対するSOSであり、「危ない」という警告を体が発してくれているわけですが、別の意味においては、本人の、この世での失敗の部分を見事に説明してくれており、本人を保護する役割も果たしています。

何を保護しているかというと、プライドのところです。人間は、プライドを失うと、やはり、生きていく気力がなくなってしまうのです。

「自分に実力や才能がないため、人間関係や仕事でうまくいかなかった」

などということを、どうしても認めたくないと、その気持ちを代弁しようとして、自然に病気が現れてくることがあります。なぜなら、病気ができると、それを理由にして、「自分は、本来、それをしたかったのに、病気のせいで、できなくなってしまった」という言い訳が立つからです。

したがって、内面の葛藤《かっとう》などが原因である病気の場合には、ある日を境にして本人の心がクラリと変わると、病気が治ることがあります。

アトピー性皮膚炎《ひふえん》でさえ、そうです。例えば、真理に気づいて、母親の心が変わると、アトピー性皮膚炎の子供の皮膚がパラパラと落ち、ツルツルの肌《はだ》が出てきたりすることも、よく報告されています。

やはり、心の何らかの不都合《ふつごう》を体が表現するのです。心は〝芸術家〟であり、キャンバスに絵を描《か》くように、自分の体に意思表示をします。

人間には、いわば本人が〝気づいている心〟と〝気づいていない心〟とがあり、気づいていない心のほうが、病変、病気によって、自分の状況《じょうきょう》を本人に教えてくれるのです。

そのへんは客観的に見なければいけません。病気になったり、調子が悪くなったりした場合には、その前に何か事件がなかったかどうか、よく考えてみていただきたいのです。

教育のストレスで一時的に老眼になった経験

私の視力は、今、裸眼《らがん》で「一・五」であり、よく見えています。

ただ、恥《は》ずかしい話ですが、十年ほど前、四十四歳《さい》ぐらいのときに、字があまりよく見えなくなってきたため、一回、老眼鏡を大量に買い込《こ》んで、家のあちこちに置いたことがあります。また、そのときは、首にひもを掛《か》け、それに老眼鏡を付けて、家のなかを移動したりもしていました。

その際には、「自分も高齢《こうれい》になってきて、目が悪くなったか。あれだけ目が強かったのになあ」と思ったのです。

しかし、よく考えてみると、何だか子供の受験と関係があるような気がしてきました。「そのストレスから来たのではないか」と気づいたわけです。

当時は、最初の子供の受験のころだったのですが、私自身にも、それによる心労があったので、「そのせいかな」と思い、老眼鏡を片付け、しばらく放っておいたのです。

そうすると、一週間ぐらいで視力は元に戻《もど》りました。あのとき、老眼鏡をかけつづけていたら、今でも目は悪いままだったでしょう。

私は、いまだに裸眼で年に二千冊ぐらい本が読めます。しかも、通常であれば目が悪くなるような姿勢で読めるのです。それは、強い心で、「本を読まなくてはいけない」と思い、「目は私の〝商売道具〟であり、見えないと困る」ということを、自分の目に言い聞かせているからなのです。

精神的なショックを受けると、「お先真っ暗」「目の前が真っ暗になった」などとよく言いますが、実に「言い得て妙《みょう》」であり、将来が真っ暗になったように思うと、本当に目が見えなくなることがあるのです。

思うようにならないことは、ある程度、受け入れよ

私には、以前、体内に結石ができたこともあるのですが、それができたときの日付を克明《こくめい》に見てみると、子供が大規模な模試を受けるようなときに、よくできていたのです。日付を見ると、ピッタリと一致《いっち》しており、百パーセントの〝的中率〟を誇《ほこ》っていました。

小規模な試験のときには起きず、大きな試験があるときに起きていたので、「私も、よほど心労をしていたのだな」と思いました。

ただ、最初の子供のときには慣れていなかったのですが、二人目、三人目となるにつれ、しだいに慣れてきて、子供の模試の成績を見ても、「こんなものは当てにならない。合格率八十パーセントの人が落ち、合格率が二十パーセントや五パーセントで受かっている人もいるので、本番を受けてみなくては分からないよ」とアドバイスするようになりました。

子供のほうも、「入試に受かったら喜び、落ちたら悲しんでもよいが、結果に対しては従順になり、そのなかで自分を最高度に磨《みが》けばいい」というように考え方を変えれば、それほどショックを受けなくても済むのです。もっとも、そこまで行くには、この世的には修行が要《い》るように思います。

子供の例で述べましたが、大人にも、同じようなことがあるはずです。仕事などの面で、「自分ともあろう者が、こんなことで失敗するとは、情けない」などと思うことは数多くあるでしょうし、人から責められることも現実にあると思うのです。

そうすると、あっというまに病気をつくりはじめます。人が悪い言い方に聞こえるかもしれませんが、本当に病気ができてしまうのです。

そして、病人になった瞬間《しゅんかん》、周りは、その人をピタッと責めなくなります。

そのため、病気には、自分がつくり出しているものがかなり多いのです。

特に、年を取ると、周りに貢献《こうけん》できないことが多くなってくるため、その理由として病気が欲しくなります。周りから責められないようにするために、自己防衛上、病気ができてくるのです。

しかし、病気になると、実際には、自分の体は不自由になり、周りに対して愚痴《ぐち》や不平不満をばらまいたりすることが多くなります。

そこで、私は考えるのですが、この世は、それほど自由なものではなく、不自由なことや思うようにならないことが数多くあるので、それを、ある程度、受け入れたほうがよいと思います。

すべての人が、第一志望の学校に行って第一志望の会社に入ったり、一億円の宝くじを当てたりすることは、やはりないのです。一億円の宝くじが全員に当たるのであれば、それを主催《しゅさい》している団体は倒産《とうさん》確実です。

パチンコ店の場合も、全部の玉が〝当たり〟に入るのであれば、そのパチンコ店が潰《つぶ》れるのは確実ですが、二十五パーセントぐらいしか入らないように設定してあるわけです。

そのように、この世は必ずしも自分の思うとおりにはならないようにできていますが、そのなかに人生の深い味わいがあるものなのです。

人生で遭遇《そうぐう》することを、「心の強さ」で乗り切れ

人生のなかでは、いろいろな事件が起き、いろいろな悩《なや》みが生じます。人

生においては、さまざまなことに遭遇《そうぐう》しますが、それをどのように乗り越《こ》えていくかが大事です。サーフィンのように、上手に波を乗り越えていき、大きなダメージを受けないようにしなくてはなりません。それに失敗して、ヨットが転覆《てんぷく》したような状態になると、大病になるのです。

それは心の強さとも関係があると思います。昨年、私は『ストロング・マインド』（幸福の科学出版刊）という本を出しましたが、そのような状態を心の強さで乗り切ることが大事なのです。

心が弱いと、普通《ふつう》の人であれば耐《た》えられるぐらいの、ちょっとしたことで、ものすごいダメージを受けますし、自分で何回も反芻《はんすう》しているうちに、それが大事件のように思えたりします。

その場合には、ある意味で、自分のことばかりを考える、自己中心的な考え方になっているのです。ほかの人から見たら、それが分かるのに、本人自身は、あまり分かっておらず、ものすごい重大事件が起きているように考えているわけです。

やはり、それは波と同じで、乗り越さなくてはいけないものなのです。早く乗り越し、積極的、建設的な方向に人生の駒《こま》を進めていくことが大事です。

そのように、波を上手に乗り越していく力を持たなくてはなりません。

4　ガンを消滅《しょうめつ》させるには

人生には浮《う》き沈《しず》みがある

結局、ガンを消滅《しょうめつ》させるには、いったい、どうしたらよいでしょうか。

ガンの原因のほとんどは、心のなかの苦しみや葛藤《かっとう》を生む「人間関係のもつれ」です。人生には、難易度の高いジグソーパズルのように、どうしても解けないように感じる問題がたくさんあると思います。こういう問題で苦しんでいると、ガンは非常にできやすくなります。

もちろん、すぐには解けない問題もあるでしょう。ただ、世の中には、現時点では解けなくても、時間が解決してくれる問題は数多くあるのです。これについては、「そういうものだ」と思い、肚《はら》をくくらなくてはいけません。

明治維新《いしん》のころに活躍《かつやく》した勝海舟《かつかいしゅう》は、生前、「人生は十年ぐらいの周期で変化する」というような、「人生十年周期説」とでも言うべきものを唱えていました。

人生は、十年ぐらいの周期で上がったり下がったりするものです。上《のぼ》りのときには、調子よく使ってもらえ、偉《えら》くもなれますが、下《くだ》りに入ると、十年ぐらいは沈《しず》んでいなくてはいけないわけです。

しかし、下りのときには、あまりがっかりせず、また、うるさく騒《さわ》ぐのでもなく、次の上昇期《じょうしょうき》の十年に備えて、自分の力を蓄《たくわ》えることが大事です。

勝海舟は、あのような乱世《らんせ》に生き、刺客《しかく》に二十数回も襲《おそ》われつつも、七十七歳《さい》まで生き、寿命《じゅみょう》を全うしました。これは、今で言えば、百歳近い年齢《ねんれい》まで生きたことに相当するでしょう。

彼は、風呂《ふろ》から上がり、廊下《ろうか》を何歩か歩くと、「心臓に来たようだ」と感じ、そのままポックリ逝《い》きました。その年齢まで生きて大往生《だいおうじょう》をしたので、惨殺《ざんさつ》された多くの「維新の志士」たちとは違《ちが》い、実に巧妙《こうみょう》な人生を生きた人だと思います。

そういう人が、「人生には周期がある」と述べているのです。

みなさんも、ある程度、人生を達観して、「人生には浮《う》き沈みがある」ということを受け入れなくてはなりません。それが大事です。

最悪のことを受け入れる覚悟《かくご》を

人生においては、順風ばかりは吹《ふ》かず、よいことばかり、成功ばかりではないかもしれません。しかし、逆境を上手に乗り越《こ》していってください。他《た》の人から受けた〝毒〟もいろいろあると思います。毒を出すことは、その人の勝手なので、しかたがありませんが、その毒を食らいすぎないようにしなくてはなりません。

世の中には、〝毒の球《たま》〟を投げる人は大勢います。これは、しかたがないのです。それを投げさせないようにするには、かなりの力が要《い》ります。ただ、それを食らう必要はありません。

「悪いものを、まったく何も受けない」ということは難しいのですが、それを受けても、受け流し、心にあまり留《と》めないことが大事です。

この世は「諸行無常《しょぎょうむじょう》」なので、自分の心を、さらさらと流れる小川のような心に変えていき、問題を大きくしすぎないようにしてください。

そして、人生における最悪のことを考え、それを受け入れる覚悟《かくご》さえできれば、人生は、やっていけるものなのです。

ガンに罹《かか》った人にとって、最悪のことは何でしょうか。それは「死ぬこと」でしょう。しかし、死んでからあとのことについては、私の著書に詳《くわ》しく書いてあります。すでに〝行き先マップ〟はあるのです。それを読めば、死後の世界のことは、全部、分かります。何の心配も要《い》りません。

死んでからあとのことが分からない人は、死期が迫《せま》ると苦しむでしょうが、そのことについては、よく分かっています。とっくに分かっているのです。死後の世界のことなど、医学的に解明されていないことも、宗教のほうでは解明されているわけです。

また、死ぬなら死ぬで、それなりに〝入学準備期間〟が残されています。三カ月か半年か一年か、それが〝入試〟までの残り日数なのであれば、その期間に勉強をして、この世の仕上げの点数を上げておけば、来世では、〝ルンルン気分の世界〟に還《かえ》ることができるようになるのです。

残り日数の少ない人は、最後の仕上げに邁進《まいしん》しなくてはいけません。ガンに罹っても、最後は死ぬだけですが、誰《だれ》であろうと、いつかは死にます。誰一人、ずっと生きつづけることはできません。

したがって、「もう駄目《だめ》だ」と思ったら、開き直り、余生において、できるだけ人生の点数を上げるように頑張《がんば》るとよいのです。

ガンに対する簡単な対処法

① まず感謝の心を持つ

それでは、「どうしたらガンが治るか」ということについて、簡単な対処法を幾《いく》つか述べましょう。

まずは「感謝の心」を持ってください。ガンに罹っている人には、感謝の心が足りないことが多いのです。

特に、両親に対する感謝の心があまりない人は、ガンに罹りやすいように見受けられます。意外に気づいていないのですが、親の恩を「当たり前だ」と思い、両親に感謝していないことが多いので、ガンなどに罹ったら、両親に対する感謝の心を持たなくてはなりません。

また、家族、友人や知人、法友《ほうゆう》など、いろいろな人に対する感謝の心を持ってください。
これが、大事なことの一点です。

② 自分が責任を取れる範囲《はんい》について反省する

大事なことのもう一点は、「自分の責任の範囲内でできる反省を、きちんと行う」ということです。

なかには、自分の責任の範囲を超《こ》えた問題もあるかもしれません。「世界大恐慌《だいきょうこう》についての責任が取れなくて残念だ」などと思ったとしても、それは一般《いっぱん》の人の力を超えており、責任を取ることは無理なので、それについては中央銀行や世界銀行の総裁に考えてもらうべきでしょう。

そこまでは責任を取れなくても、自分が責任を取れる範囲内について、反省できることは反省してみてください。

③ 人間関係の修復に努め、相手の幸福を祈《いの》る

また、人間関係においては、現実に修復できるものは修復することが大事です。

そして、修復が可能でないものについては、心のなかで祈ってください。例えば、「○○さん、いろいろと不行き届きなこと、言いすぎて傷つけたことがありました。ごめんなさい」などと、心のなかで詫《わ》びるのです。あるいは、相手の幸福を祈るのです。

このように、「感謝」「反省」「祈り」を実践《じっせん》してください。

④ できるだけ笑顔をつくる

そして、できるだけ笑顔をつくる訓練をしましょう。

笑顔がガンを治すので、笑顔をつくるとよいのです。ガンの治療《ちりょう》では笑顔

が〝特効薬〟なのです。

年を取ると、だんだん笑顔が減ってきますが、笑顔が減ってくると、それに逆比例して病気が増えてくるのです。

したがって、笑顔をつくる練習をしてください。

笑顔は人に対する愛の表れです。

にこやかな年寄りは愛されます。単純なことです。お金を持っているから愛されるわけではありません。確かに、お金を持っていて、孫に小遣《こづか》いをあげれば、孫からは愛されるでしょうが、お金を持っていなくても、基本的に、にこやかな年寄りは愛されるのです。

これは原価ゼロです。いつもにこやかなお年寄りになると、人から愛されるようになり、人から愛されると、その愛が治療薬になって、心の悩《なや》みや病気を治す力が出てくるのです。

「笑顔を一つの治療薬とする」という努力をしてください。

笑顔をつくることとは、ちょっとした心の努力と、ちょっとした習慣の問題なのです。

笑顔でもって他《た》の人に愛を与《あた》えることです。これは、ちょうど、ヒマワリのようなものです。ヒマワリは、太陽のほうに向かって大きく花を開き、いつも太陽のほうを向いています。これがヒマワリです。

人生には、いろいろなことがあり、悩みや苦しみもありますが、できるだけ、幸福な面のほうを向き、笑顔をつくることです。与えられているものに対して感謝することです。足りないものに目を向けることよりも、与えられているものに感謝することです。

そのように、一般的には、両親に対する感謝を中心とした感謝行《かんしゃぎょう》と、反省《はんせい》行《ぎょう》が必要です。また、相手との人間関係を修復できる場合には、それを行い、それができないようであれば、心のなかにおける祈りで、お詫びの気持ちなどを伝えます。そして、最後には、笑顔を治療薬とすることです。

こういう方法でガンと闘《たたか》ってください。

嘘《うそ》のように聞こえるかもしれませんが、こういう方法のほうが現実に病院の薬よりよく効くのです。これを行うには一円も要らないので、騙《だま》されたと思って、どうぞ、やってみてください。効きます。

最大の治療薬《ちりょうやく》は「信仰心《しんこうしん》」である

もちろん、「最大の治療薬《ちりょうやく》は信仰心《しんこうしん》である」ということも知ってください。

当会以外の宗教でも病気がたくさん治るのです。ましてや、当会は、エル・カンターレが指導している宗教なのですから、もっと病気が治らなくてはいけません。

信仰心のところは宗教としての文化なので、今後、当会の信者の信じる力がますます強くなってくれれば、もっと数多く病気が治るようになるのです。いろいろな病気が治ります。まだまだ治り方が足りません。信者の信仰心が強まれば、必ず現在の百倍ぐらい治るようになるのです。

みなさんが最大の治療薬としての「信仰心」を立てることを、心より祈ります。

「治らない病気など、あるわけがない」と思ってくだされば結構です。

第4章

病気リーディング（Q&A）

1 「耳のガン」と「脳梗塞《のうこうそく》」の原因

Q1――　現在八十二歳《さい》になる、私の父の病気について、質問させていただきます。

父は、四十歳のころに耳のガン（真珠腫《しんじゅしゅ》）を患《わずら》い、現在、ほとんど耳が聞こえません。また、六十代のときには大腸ガンを患って手術を受け、最近は食道ガンになりました。

大川隆法　〝病気のデパート〟のように多いですね。

Q1――　はい。父には信仰心《しんこうしん》はあるのですが、私がいくら仏法真理《ぶっぽうしんり》を伝道しようとしても、聞く耳を持たず、言うことをききません。

今日は、この会場に父を連れてくるに当たり、私は、父に、「どうせ聞こえないのだから、先生の御法話《ごほうわ》を心で感じ取るように」と言ったのです。

私が言うのも何ですが、父が何度もガンになるというのは……。

大川隆法　ちょっと多いですね。

Q1――　でも、父は一生懸命《いっしょうけんめい》に生きていますし、すごく元気なので、何か使命があると思うのです。こういう父に伝道するには、どうすればよいでしょうか。

大川隆法　なぜガンになっているか、それを調べたほうがいいでしょうね。調べてみましょうか。

Q1――　ありがとうございます。

質問者の父の病気は「親子の葛藤《かっとう》」が原因

大川隆法　お父さんのお名前は？

Q1――　○○○と申します。

大川隆法　あなたの隣《となり》に座っている人ですね。

Q1―― はい。

大川隆法 では、少し時間をください。（演壇《えんだん》で右手をかざし、リーディング〔霊査《れいさ》〕に入る。約五秒間の沈黙《ちんもく》）

なぜ、この人が何度もガンになるのでしょうか。（約十五秒間の沈黙）

うーん。（約十五秒間の沈黙）

原因は、あなたのほうですね（質問者を指す）。うん。

Q1―― すみません。

大川隆法 原因は、あなたです。あなたのほうが原因です。（約五秒間の沈黙）

理由は二つあります。（約五秒間の沈黙）

一つは、かなり葛藤《かっとう》がありますね。過去において、お父さんとの葛藤があったはずです。これは何の葛藤かな？（三秒間の沈黙）

二人とも、優《すぐ》れた人ではあるのだろうから、「どちらのほうが優れているか」ということで、ちょっと葛藤を起こしているのではないでしょうか。

私には、あなたの心のなかから、「もう、親父《おやじ》、黙《だま》ってろ！　わしのほうが偉《えら》いんだから、黙ってろ！」という声が聞こえてくるんですよ。「親父、黙ってろ！」という、その声が、お父さんの耳のガンなどの原因であるように私には感じられます。

だから、お父さんの病気は「親子の葛藤」が原因であって、あなたは、お父さんを救おうとはしているけれども、実は、葛藤を抱《かか》えているように思われます。これが原因の一つだと言えます。

お父さんと競争してはいけないんですよ。あなたは、世界の人々を救う方向に自分の頭を向けなくてはいけません。お父さんには感謝してもいいけれども、競争の相手ではないから、葛藤を起こしてはいけないですね。

質問者は、子供のころ、父親に願いを阻《はば》まれたことがある

それから、もう一つあります。もう一つの理由は……。（約十秒間の沈黙）

あなたの子供のころに、原因がもう一つあるように思います。（約五秒間の沈黙）

まあ、その親子の葛藤とも関係があるかもしれないけれども、子供のころ、あなたには、とてもやりたかったのに、「駄目《だめ》だ」と言われ、やらせてもらえなかったことが、何かあると思うんですよ。

何か、思い当たることはありませんか。

Q1――　やりたいことは、すべてやらせてもらいましたので……、特に思い浮《う》かぶことはございません。

大川隆法　うーん。そうかな？　これは、物心がつくころより、もう少し下の年齢《ねんれい》ですね。年齢的には、もう少し下のころだと思われます。もう忘れているとしても、一度、生まれてから現在までを年齢ごとに区切って、自分の今までの人生を見てみたら、それは必ず出てくるでしょう。あなたがしたかったことを親が阻《はば》み、それを非常に不満に思ったことが何かあると思います。そのため、当時のあなたは、親に対して、すごく不満を持っていたと思われます。しかし、今では、おそらく忘れているのでしょう。自分の過去を振《ふ》り返ってみれば、それが出てくるはずです。

この二点です。

お父さんをガンにしているのは、あなたです。原因はあなたなので、あなたは、あまり親の上に立とうと思わないほうがいいと思います。それをすると、病気をたくさんつくります。

あなたのお父さんは、病気をたくさんつくって、抵抗《ていこう》運動をやっているのです。

脳梗塞《のうこうそく》を起こす人によく見られる性格とは

Q1――　私自身も、三カ月ほど前に脳梗塞《のうこうそく》を起こしました。

大川隆法　そうですか。

脳梗塞を起こす人は、だいたい、非常に短気な性格で、ヒステリー系の人であることが多いと思われます。だから、すぐ頭に来てしまうんですね。

脳梗塞を起こさないようにするには、穏《おだ》やかな心を持つことが大事です。よけいな血が頭に上がりすぎないようにしなければいけないので、血をもう少し丹田《たんでん》（へその下あたりの下腹部）のほうに下ろす努力をしたほうがいいでしょう。

人間として、もう少し肚《はら》ができてくると、安定感が出てきて、少々のことでは頭に来ないようになってくるのです。

あなたは、お父さんを、もう自由にしてあげたほうがよいと思います。八十二歳まで生きたのですから、あとは自由に生きてくだされば、それでいいと思うのです。あなたがコントロールをする必要は全然ありません。

あなたが救うべき対象、あなたの助けを待っている人は、ほかに大勢います。そちらのほうを助けたほうがいいと思いますね。

やはり、背景には家族の葛藤があるように思われます。

もう少し具体的なことも言えるのですが、ここには聴衆《ちょうしゅう》がいますし、この質疑は記録として残るので、抽象的《ちゅうしょうてき》な言い方で止《と》めさせていただきます。

霊能力《れいのうりょく》というのは本当に〝怖《こわ》い〟ものなんですよ。かなり細かいことも分かるのですが、そのなかには、言ってはいけないこともあるので、抽象的に言わせていただきました。

自分で反省等をなされると、いろいろなものが出てくると思います。

2
「腎臓病《じんぞうびょう》」と「視力低下」に対する考え方

Q2―― 現在、私は六十代です。二十五歳《さい》のときに起業してから、経営者としての道を、ずっと歩んできました。

起業したころ、九カ月半ほど、腎臓病《じんぞうびょう》で入院しました。

二年前には、病院の医師から、「あなたの腎臓は腎不全の領域に入りました」という宣告を受けました。

今は、その病気と闘《たたか》いながら、「手がけている事業を何とか完成させたい」と思っております。

私に必要な心構えについて、ご教示をお願いいたします。

質問者の「腎臓《じんぞう》の意識」をリーディングしてみる

大川隆法　はい。立ったままでいてくれますか。

（演壇《えんだん》から、会場の最前列で起立している質問者の腹部のあたりに両手をかざす。約五秒間の沈黙《ちんもく》。右手を引き、左手だけをかざす）

うーん。今、あなたの腎臓《じんぞう》と話をしているんですよ。あなたの腎臓に訊《き》いているのです。（約五秒間の沈黙）

「とにかく、この人は、無理をする人だ」と言っています。「すごく無理をする人なので、負担が重いんです」と言っていますね。

あなたは、よく働く方《かた》のようで、会社を立ち上げたときから、かなり無理をしています。労働時間も長いし、ストレスも多いし、人ともよく会うので、お茶などの水分の摂取《せっしゅ》が普通《ふつう》より多いんですね。

Q2――　はい。そうです。

大川隆法　普通の人の倍ぐらいは飲みますね。

Q2――　はい。

大川隆法　もっと飲むかもしれませんね。お茶とかコーヒーとか紅茶とか、いろいろなものを二倍から三倍ぐらい飲んでいる。

腎臓としては非常にオーバーワークで、あなたの腎臓は、ちょっとまいっているようです。「腎臓として普通に処理しなくてはいけない範囲《はんい》を超《こ》えています。水分の過剰《かじょう》な摂取は仕事上のストレスが原因であり、安らぎを求め、飲み物に頼《たよ》っているのです。だから、そのストレスを解消しなければいけません」と言っています。

私は、あなたの腎臓の代弁をしているんですよ。腎臓にも意識はあるのですが、口がなくて、かわいそうだから、私が腎臓の代わりに話しているのです。

「安らぎを求める気持ちはよく分かるので、気分転換《てんかん》のために飲んでもいいのですが、水分の摂取量が多いので、もう少し小さなカップを使ってください。飲む回数は多くてもいいので、一回に飲む量を減らしてください。そして、運動や労働で汗《あせ》をかく場面を増やしてください」

このようなことを、あなたの腎臓は言っています。

私は事情をよく知りませんが、「長年、けっこう苦労した」という言い方をしていますね。

経営者には何らかのストレスがあり、それが、どこかの病気となって出てくるものです。

これは、いわゆる「社長病」で、水分を取りすぎると、腎臓か心臓のどちらかに来ることがよくあります。

水分の取りすぎで、過負担になって腎臓が悪くなる。あるいは、水分が多くなると血液の量が増えるので、多くの血液を送り出さなくてはいけないために心臓が過負担になり、高血圧になる。そのあと、血管が弱ってきた場合には、今度は血管のほうが過負担で破裂《はれつ》する。

このように、腎臓か心臓のどちらかの病気になることが多いのです。

あなたは、ものすごくよく働くようではありますが、腎臓のほうの意見としては、「過負担だ」ということなので、少し負担を軽くしてあげないといけないでしょう。

仕事の優先順位を決め、他の人に仕事を任せよ

あなたは、水分を取ることだけではなく、別のかたちでストレスを抜《ぬ》く方法も考えなくてはなりません。

経営の基本中の基本ですけれども、原点に戻《もど》って、「優先順位をつける」という方法をとるといいでしょう。

これは、「経営上やるべきことに優先順位をつけ、順位の高いものから取りかかっていく」というやり方です。そして、優先順位の低いもののなかに、ほかの人でもできるものがあったら、その人に任せるのです。

こういう考え方が一つあります。

あるいは、反対に「劣後《れつご》順位」を決めることです。「今、自分がしなくてもよいものは何か」というリストをつくり、それについては、ほかの人に任

せるか、先送りにするのです。

とにかく、仕事面で、もっと絞《しぼ》り込《こ》みをかけることです。

経営においては、最初は「率先垂範《そっせんすいはん》」が当たり前であり、率先垂範をしないと誰《だれ》もついてきませんが、最終的には、人を通じて事業を実現しなくてはいけないのです。自分一人ではできないものなんですよ。

社長が率先垂範を行うと、社員は、みな、社長についてくるので、会社の立ち上げのころには、それでよいのですが、最後までそれではいけません。しだいに、「人を通じて事業を成功させ、会社を発展に導いていく」という考え方に切り換えていかなくてはならないのです。

例えば、渋沢栄一《しぶさわえいいち》は五百社も六百社も経営しましたが、これは人間業《わざ》ではありません。それほど多くの会社を経営しようとしても、まともな経営ができるわけはなく、彼は、よほどツボを心得ていて、要点を押《お》さえていたに違《ちが》いありません。また、大胆《だいたん》に人を起用する能力を持っていたはずです。あなたは、腎臓の要請《ようせい》を聴《き》くと同時に、経営の本道に戻らなくてはなりません。経営とは、人を通じて事業繁栄《はんえい》を目指さなくてはいけないものなのです。優先順位その他《た》を考えて立て直しをすれば、あなたは、まだ長く働けるはずです。あまり無理をしないで仕事をする方法はあります。

「死ぬまで一気に頑張《がんば》る」というような、すごすぎる仕事ぶりではいけないので、ちょっとした軽《かる》みが必要だと思います。少し肩《かた》の力を抜くところがないといけないのです。

私にも働きすぎの面はあるので、人に偉《えら》そうに言える立場ではないかもしれませんが、以上の二点を、ご注意申し上げておきます。そのようなことに気をつければ、何とか切り抜けられるのではないかと思います。

何かの機能が衰《おとろ》えると、別の機能が発達することがある

腎臓については、そういうことですが、腎臓以外に、悪いところはありますか。「頭が悪い」というのは聞き入れませんからね（会場笑）。

Q2――　もう六十六歳になりますので、目のほうが、だいぶ悪くなっています。本を読むのが大変なのですが……。

大川隆法　まあ、目は、それでいいですよ。

幸福の科学の本では、活字を大きくするようにしています。今日の話（本書第3章）も本になると思いますが、活字を大きくし、読みやすい本にするよう努力します。

六十六歳だったら、もう、目は見えさえすればいいですし、たとえ見えなくても、すごい人は大勢います。

私は全国各地で説法をしており、前日には現地のホテルでマッサージを頼むことも多いのですが、マッサージをする人は本当に頭がいいのです。あるときには、「あなた、十年前にも揉《も》みましたね」と言う人もいました。「嘘《うそ》でしょう?」と言いたくなるほどです。しかも、「あのときから○キロ痩《や》せていますね」と言うのですが、それは当たっているのです。

そのくらい記憶《きおく》力《りょく》がよくて、手で覚えているんですよ。頭ではなく手に記憶があるわけです。

また、マッサージをする人は、相手の声をよく覚えていて、「その声は去年の十一月にも聞きました。そのときにも揉んだでしょう」と言われたこともあります。そのときには、別のホテルに来てもらっていたので、「よく覚えているな」と驚《おどろ》いてしまいました。

このように、目が不自由でも、手や耳で覚えている人もいます。人間は、何かの機能が衰《おとろ》えると、別の機能が発達することがあるので、捨てたものではありません。「目が悪くなったら、別のものがよくなる」と思っておけばいいのです。「目が悪くなったら、耳がよくなったり、口がよくなったり、頭がよくなったりする。別の機能がよくなり、カバーしてくれる」と信じていれば、必ず代替器官《だいたいきかん》が発達してきます。

七十歳であっても八十歳であっても、能力そのものは、鍛《きた》えれば、まだまだ伸《の》びます。志を失わなければ、まだまだ能力は上がるので、大丈夫《だいじょうぶ》です。

ご活躍《かつやく》を期待しています。

3　「卵巣摘出《らんそうてきしゅつ》・乳ガン」と「脳腫瘍《のうしゅよう》」の背景

Q3――　私の母の病気について質問させていただきます。

母は現在七十五歳《さい》です。

今年の一月に体調を悪くし、検査した結果、「脳に腫瘍《しゅよう》がある」と言われました。母は九州に住んでいたのですが、九州の病院では治療《ちりょう》できないため、神奈川《かながわ》県に来て治療していました。つい先日、治療を終え、今日、私と共に、ありがたくも先生の法話《ほうわ》を聴《き》きに来ることができました。

母は、農家の長男の嫁《よめ》として二十代に結婚《けっこん》し、三人の子供がおります。

三十代の前半には、卵巣《らんそう》を病《や》んで摘出《てきしゅつ》しました。また、三十七歳のときには乳ガンの手術を受けました。

それ以後は元気で、農家の嫁として一生懸命《いっしょうけんめい》に働いてきたのですが、人生の晩年において、再び、こういう病気に罹《かか》ってしまいました。

母は、三十代という、子育てをしながら一家の働き手として最も働いた時期に、大きな病気を二回し、晩年には脳の病気になりました。

どうして、こういう病気が母に起こるのか、その原因と、「そのような病気が起こることは、母にとって、また、母を支える家族にとって、どういう意味があったのか」ということを、教えていただければと存じます。

「女性としての美しい生き方」とは合わないものがあった

大川隆法　お母さんは、この会場のどこかにいらっしゃるのですか。（後方の席で質問者の母親が会釈《えしゃく》をする）ああ、こんにちは。プライバシーに触《ふ》れることが多いかもしれないので、微妙《びみょう》なのですが、あとで活字にはしません から、お名前を訊《き》いてもよろしいですか。

Q3の母―― ○○○○です。

大川隆法　七十五歳ですか。

ちょっと調べさせていただいてよろしいですか。何が出てくるかが分から ないので、言葉には気をつけます。「なぜ、そういう病気をしたか」という ことですね。（手を拳《こぶし》にした状態で両手を肩《かた》のあたりまで挙げ、演壇《えんだん》で母親 の人生のリーディングに入る。約五秒間の沈黙《ちんもく》）

人生前半の病気に関しては、息子《むすこ》さん（質問者）には理解できていない問 題があるようですね。お母さんは、息子さんが知らないところで、たいへん、ご苦労をされています。葛藤《かっとう》がおありだったと思われます。

その二つの病気（卵巣摘出と乳ガン）ともそうなので、おそらく、それは農家の仕事と家族との関係に影響《えいきょう》を受けていると思います。

女性であることと非常に関係の深いところが病気になっているのを見ると、要するに、人生の自己実現において、自分が、「女性として、このようにありたい」と思う姿ではない生き方をしていた苦しみが、その時代には、おありになったと思われます。

言葉はとても悪いのですが、私の心のなかに響《ひび》いてくるのは、「嫁として牛馬のごとく働かされた」というような言葉です。

その「牛馬のごとく働かされた」という気持ちには、女性としての尊厳というか、美しい生き方とは合わないものがありますよね。そういう思いが病気の原因になったのではないかと思います。

もっと詳《くわ》しく語るには、家族の人間関係の問題を具体的に指摘しなければいけないわけですが、ほかの人に聞かれてしまうので言いません。

ただ、うまくいかなかった人間関係がおありになるように私には見えています。そして、「牛馬のごとく働かされた」というような不満をお持ちだったのではないかと思われます。

これが、若いころの病気についての話です。

思い出したくないことが多いと、脳の病気になりやすい

次に、年を取ってからの病気について述べましょう。

人生を振《ふ》り返ってみると、どうやら、「自分は幸福だ」と思っていた期間が非常に短く感じられるようです。思い出せば思い出すほど、不幸だった記《き》憶《おく》のほうがたくさん出てくるようですね。

そういう場合には、自己防衛本能として、その記憶を薄《うす》めていきたくなります。そうすると、認知症《にんちしょう》など脳の病気になりやすいのです。

要するに、過去を思い出したくないわけです。「思い出したくない」という思いが、脳の病気をつくって、いろいろなものを忘れさせていくのです。

思い出したほうがうれしい場合には、そういう病気にはならないものですが、思い出したくないことが多いと、「忘れたい」と思い、そういう病気が起きてきます。

お母さんは、人生の記憶のなかでは、おそらく、つらかった時期が多く、幸福な時期が非常に少なかったのだろうと思います。

現在が幸福なら、過去の不幸体験が金色《きんいろ》に変わる

これに対処する方法を述べると、まず、お母さんに対して、周りの人たち

が、もう少し感謝してあげなくてはいけないと思います。周りの人たちから感謝され、現在ただいまが幸福だったら、過去の苦労は幸福なものに変わっていくのです。

私は、「過去はもう直せませんが、未来は直せます。未来は、まだ変えていくことができます。変えることのできない過去については、反省して教訓を学べば、もう十分です。そして、努力し、よい種をまき、未来をよくしていきましょう」と、よく言っています。

ただ、そうはいっても、「一定の年齢《ねんれい》を超《こ》えると、種をまいても、未来を変えていく余地は、それほどないのではないか」という考えは、当然、あるわけです。

そういう考えの人たちに対して、私は、『心と体のほんとうの関係。』（幸福の科学出版刊）にも書いたことですが、「現在ただいまが幸福だったら、過去の不幸体験が、全部、金色に変わるんですよ」ということを申し上げたいのです。

今が幸福であれば、「過去に不幸であった体験は、全部、現在の幸福をつくるための、とてもよい砥石《といし》だった」と言うことができます。

そこで、現時点で幸福な気持ちを持てるように、周りの人たちが、努力して、そういう状況《じょうきょう》をつくってあげる必要があるのです。

お母さんの病気は、おそらく、「不幸な思い出をあまり反芻《はんすう》したくない」という理由で、防衛本能が働いているのだと考えられます。

周りの人たちにできることは、お母さんに優《やさ》しくし、感謝をすることです。それが、言葉では、うまく伝わらなくても、心のなかで、「『お母さん、ありがとう』『おばあちゃん、ありがとう』という、感謝の気持ちを、家族で持とう。そして、現在において、幸福な気持ちを持っていただこう」と思うことが大事です。

周囲から感謝され、優《やさ》しくされることで、好転していく

都合《つごう》の悪いことを質問されると、急に〝健忘症《けんぼうしょう》〟になる官房長官《かんぼうちょうかん》もいますが（会場笑）、健忘症になる人には、だいたい、思い出すと都合の悪いことがあります。そのため、そういう病気になりやすいのです。

悪いことが多いと、やはり、それを忘れたくなるものです。

人間には、「選択的記憶《せんたくてききおく》」といって、「自分に都合のよいものについては、しっかりと記憶し、都合の悪いものについては、あまり記憶しないようにする」というところがあるのですが、そのへんの統制が利《き》かなくなってくると、悪いことを数多く思い出します。

しかし、脳の機能そのものが麻痺《まひ》していくと、悪いことを思い出さなくな

ります。要するに、脳の機能にダメージを与《あた》えることで、何も分からなくなり、モルヒネを打つのと同じように、苦しみを和《やわ》らげる効果が出てくるのです。

お母さんの場合、前半生に関しては、「牛馬のごとく使われた」というような気持ちが出てくるので、怨念《おんねん》のようなものが、おありになったのではないでしょうか。また、それに対する反作用もお受けになっているはずだと思います。

それについて、息子さんには、全部を理解していないところがあるので、「母の苦労について、どうしても自分には分からないところがあるのだ」と思わなくてはいけません。

お母さんの現在の病気の背景には、「不幸体験の記憶を、できるだけ思い出したくない」という気持ちがあるわけです。

したがって、お母さんに対し、なるべく感謝し、ほめてあげ、優《やさ》しくしてください。それが大事です。それによって、少しずつ好転していくと私は思います。

また、お母さんに幸福になっていただくと同時に、周りの人たちも幸福にならなくてはいけません。周りの人たちも幸福にならなければ、お母さんだけを幸福にすることは、なかなかできないものです。

お母さんへの感謝の思いを持ちながら、自分自身も幸福になっていくようにしてください。自分のほうに悩《なや》みや問題がある場合もあるので、不幸感覚があるなら、それを直していくことが大事だと考えます。

ややぼかした言い方になりましたが、ここで述べたことを理解していただければ幸いです。

4 奇跡《きせき》的に治る人と治らない人の違《ちが》い

Q4――　私が仏法真理《ぶっぽうしんり》を伝道し、幸福の科学の会員になった友達が、先日、乳ガンで亡くなりました。私が代理で「病気平癒祈願《へいゆきがん》」をさせていただきましたが、「私の思いが足りず、こういう結果になってしまったのではないか」と反省しています。

幸福の科学の会員には、同じく乳ガンの手術を受け、現在、元気で活躍《かつやく》している人もいます。

ガンに罹《かか》っても、奇跡《きせき》的に治る人と、そうでない人とがいるわけですが、その違《ちが》いについて、ご教示《きょうじ》いただければと存じます。

奇跡《きせき》を体験する人には、何らかの役割が与《あた》えられている

大川隆法　それについては、かっちりとした法則が立てられないので、残念なところがあります。

世の中では、いい人が早く亡くなり、言い方は悪いですが、「まあ、どうでしょうかねえ」というような人が、元気で長生きをすることもあるので、人生、ままならないものではあるのです。

「その人が、なぜ、その病気になり、そういう死に方をするのか」という問題は、今世《こんぜ》だけを見た場合には解決できないことがあります。今世だけを見ると、「こんなはずはない」ということもよくあります。ただ、「過去世《かこぜ》リーディング」をしてみると、理由が分かることは多いのです。

やはり、「人生は今世限りではないのだ」ということを知らなくてはいけ

ません。

過去世を何代か遡《さかのぼ》り、「その人生は、どうであったか」ということを調べてみると、「ああ、なるほど。これのせいで、今世は、こういうかたちで亡くなったのか。つじつまが合っているな」と思われる出来事が出てきます。

この世に生きている人間は、通常、それが分からないので、不満に思い、天を恨《うら》みたい気持ちになることもあるでしょう。

しかし、それぞれの人が固有の人生課題を持って生きているわけです。「なぜ、この課題が与《あた》えられたのか」ということについて、今世だけを見ても理解できない部分は、どうしても残りますが、すべては「縁起《えんぎ》の理法《りほう》」のなかにあるので、「今世で体験することの裏には、何らかの意味合いがあるのだ」と思ってよいのです。

今世で、「ガンが治る」といった奇跡体験をする人には、それによって、何らかの功徳《くどく》を積むチャンスが与えられていると見るべきでしょう。

病気が治る奇跡を起こして、信仰《しんこう》に目覚める人を増やす。あるいは、伝道が成功するための推進力になる。そのような役割が何か与えられていて、そういう奇跡が起きる場合があるのです。

「カルマの刈《か》り取り」のために病気になる場合がある

「いい人だ」と思われていた人が、ガンになり、あっさり亡くなってしまう場合もありますが、その人の過去世リーディングをしてみると、原因と思われるものが出てくることがあります。

これから述べることは、亡くなられた、あなたの友達のことではないので、一種のフィクションとして聞いていただきたいと思います。

例えば、今世では、一生懸命《いっしょうけんめい》に、よい人生を生きていたとしても、直前の過去世をリーディングしてみると、「家族に病人がいるにもかかわらず、十分な世話をせず、わがままな人生を生きた」というような場合には、「カルマの刈《か》り取り」のために、今度は自分自身が病気になり、残念な死に方をすることがあります。

また、「いったい、何回、切られるのか」と思うぐらい、外科手術でよく体を切られる人が、過去世では人を斬《き》りまくっていた場合もあります。これも、大きな意味での「カルマの刈り取り」になっているのです。

「武士の世」に生まれ、戦争に巻き込《こ》まれたら、人を斬らなくてはいけないこともありますし、それが正しい行為《こうい》であった場合もあると思います。国を護《まも》ったり、家族を護ったりするために、戦わなくてはいけないこともあります。しかし、それがカルマとして残る場合もあるのです。

その場合には、今回の人生で、「自分自身が、肉体的な痛みをいろいろと感じ、闘病《とうびょう》の苦しみを味わう」という経験をしていることがあります。今回、その人生経験を経ることによって、過去世で他《た》の人に与えた苦しみに関する、後悔《こうかい》の念の部分が消えるのです。

今回の人生を卒業すると、それは帳消しになり、プラスマイナスゼロになって、そのカルマの部分が消滅《しょうめつ》するんですね。

そういう意味があって、手術を受けて苦しんだりする人もいるのです。

今世だけを見て理由が分からない場合でも、過去世リーディングをすれば、だいたい、つじつまは合っていることが分かります。

そのように、過去世で何かがあり、それが原因となって、今世で病気などが起きているのかもしれませんが、来世というものも必ずあるのですから、「来世に対し、悪いかたちで、新しいカルマの種まきをしない」ということを心掛《こころが》けてください。

さまざまな環境《かんきょう》に置かれても、そのなかで、できるだけ立派な生き方をするように努力すること、「過去・現在・未来を貫《つらぬ》いた人生を生きているのだ」という点を忘れないことが大事です。

奇跡《きせき》が起きるためには、その人に「隠《かく》れた徳」が要《い》る

奇跡《きせき》が起きる場合、それには、ある程度、優先順位があります。高級霊たちは、「できるだけ効果的に奇跡を起こしたい」と思っているのです。

そして、本人にも、ある種の徳が要《い》るでしょう。この世ならざる奇跡が起きるときには、その人のどこかに「隠《かく》れた徳」があることは多いだろうと思います。

人生には、いろいろなことがあって、思いどおりにはいかないかもしれませんが、最後には、「この世だけではない」という面が、どうしてもあり、

これについては、しかたがありません。

しかし、大きな意味で外れることはないのです。その人の人生が「いい人生」だったならば、きちんと、その見返りは来ます。

光の天使たちも、「この世での事業にすべて成功し、病気には一度も罹らなかった」という人ばかりではないのです。大きな病気に罹った人も、暗殺された人も、事業が倒産《とうさん》した人も、数多くいます。そういう人であっても、光の天使として天上界《てんじょうかい》に還《かえ》っているのです。

人生には、この世だけではないところがあるので、どうか、この世とあの世を貫いて、世のため人のために、上手に生き抜《ぬ》いていってください。

あとがき

自分が神の子、仏の子である真実を認めず、唯物論《ゆいぶつろん》的人生観で生き続け、様々な病気で苦しんでいる人が多い。

ある意味で、無神論の罪、不信仰の罪が病気を数多くつくり出して反作用を起こしていると言ってよいだろう。

最近、ある公共放送で放映されていたが、戦争で手の指や片足を失った米軍兵士に、豚のボウコウから作った白い粉をこすりつけていると、手の指や片足が再生されていくのだ。「奇跡の粉」とか「奇跡の再生術」とか言って放送していた。

しかし、私は言う。豚如きもののボウコウの粉でそんな奇跡が起きるなら、エル・カンターレの言葉の下《もと》に、一体、いかほどの奇跡が起きるかを。信じる力をとり戻せ。自分の体を再生できると信じよ。信仰は病より強い。

二〇一〇年　十二月二十八日

幸福《こうふく》の科学《かがく》グループ創始者兼総裁《そうししゃけんそうさい》　大川隆法《おおかわりゅうほう》

本書は左記の法話や質疑応答をとりまとめ、加筆したものです。

第1章　奇跡の健康法
二〇〇九年三月一日説法
東京都・東京正心館

第2章　奇跡のヒーリングパワー
二〇一〇年八月十一日説法
長野県・上田支部精舎

第3章　ガン消滅への道
（原題　癌《がん》消滅への道）
二〇一〇年十月二十四日説法
神奈川県・横浜港南台支部精舎

第4章　病気リーディング（Q&A）

1　「耳のガン」と「脳梗塞」の原因
二〇一〇年八月十一日説法
長野県・上田支部精舎

2　「腎臓病」と「視力低下」に対する考え方

二〇一〇年十月二十四日説法
神奈川県・横浜港南台支部精舎

3　「卵巣摘出・乳ガン」と「脳腫瘍」の背景

（同右）

4　奇跡的に治る人と治らない人の違い

（同右）

『奇跡のガン克服法』関連書籍

『超・絶対健康法』（大川隆法 著　幸福の科学出版刊）
『心と体のほんとうの関係。』（同右）
『ストロング・マインド』（同右）

奇跡《きせき》のガン克服法《こくふくほう》 ──未知なる治癒力のめざめ──

2011年2月7日　初版第1刷
2023年9月28日　　　第3刷

著　者　　大《おお》川《かわ》隆《りゅう》法《ほう》

発行所　　幸福の科学出版株式会社

〒107-0052 東京都港区赤坂2丁目10番8号
TEL(03)5573-7700
https://www.irhpress.co.jp/

印刷・製本　株式会社 堀内印刷所

落丁・乱丁本はおとりかえいたします

ISBN978-4-86395-096-2 C0077

大川隆法ベストセラーズ・病気からの回復のために

復活の法

未来を、この手に

死後の世界を豊富な具体例で明らかにし、天国に還るための生き方を説く。ガンや生活習慣病、ぼけを防ぐ、心と体の健康法も示される。

1,980 円

超・絶対健康法

奇跡のヒーリングパワー

「長寿と健康」の秘訣、「心の力」と病気の関係、免疫力を強くする信仰心など、病気が治る神秘のメカニズムが明かされた待望の書。

1,650 円

心と体のほんとうの関係。

スピリチュアル健康生活

心臓病、パニック障害、リウマチ、過食症、拒食症、性同一性障害、エイズ、白血病、金縛りなど、霊的な目から見た驚きの真実が明かされる。

1,650 円

病《やまい》を乗り切るミラクルパワー

常識を超えた「信仰心で治る力」

糖質制限、菜食主義、水分摂取――、その“常識”に注意。病気の霊的原因と対処法など、超・常識の健康法を公開! 認知症、統合失調症等のＱＡも所収。

1,650 円

幸福の科学出版

大川隆法ベストセラーズ・信仰の奇跡

ザ・ヒーリングパワー

病気はこうして治る

ガン、心臓病、精神疾患、アトピー……。スピリチュアルな視点から「心と病気」のメカニズムを解明。この一冊があなたの病気に奇跡を起こす!

1,650円

新復活

医学の「常識」を超えた奇跡の力

最先端医療の医師たちを驚愕させた奇跡の実話。医学的には死んでいる状態から"復活"を遂げた、著者の「心の力」の秘密が明かされる。

1,760円

公開霊言　ギリシャ・エジプトの古代神
オフェアリス神の教えとは何か

全智全能の神・オフェアリス神の姿がついに明らかに。復活神話の真相や信仰と魔法の関係など、現代人が失った神秘の力を呼び覚ます奇跡のメッセージ。

1,540円

イエス・キリストの霊言

映画「世界から希望が消えたなら。」
で描かれる「新復活の奇跡」

イエスが明かす、大川隆法総裁の身に起きた奇跡。エドガー・ケイシーの霊言、先端医療の医師たちの守護霊霊言、映画原作ストーリー、トルストイの霊示も収録。

1,540円

幸福の科学出版

「心の指針 Selection」シリーズ

現代に生きる人々に「人生の意味」や「悩み解決のヒント」を伝える詩篇《しへん》。
心を癒《いや》し、人生を導く光の言葉をテーマ別に取りまとめたシリーズ。

2 病よ治れ

人はなぜ病気になるのか？ 心と体のスピリチュアルな関係や、病気が治る法則を易しい言葉で解き明かす。あなたの人生に奇跡と新しい希望を与える12章。

1 未来を開く鍵

3 人生は一冊の問題集

4 信仰心と希望

5 心から愛していると…

6 自己信頼

7 憎しみを捨て、愛をとれ

各 1,100円

※表示価格は税込10％です。

幸福の科学では、病から立ち直り、健康な人生を取り戻すための、さまざまな祈願を開催しています。天上界の治癒の光を受けて、新たな人生を踏み出してみませんか。

『病気平癒祈願』

病を癒す修法「エル・カンターレ　ヒーリング」による祈願です。

【全国の支部・精舎】にて開催。

『強力・病気平癒祈願』―イエス・キリスト特別霊指導―

病気の根源になっている心の葛藤を消し去り、あらゆる病に光を賜り、健康を実現するための祈願です。

【全国の精舎】にて開催。

『病気根絶祈願』

信仰の力で、本来の光の体を甦らせ、病気の根本原因を断つための祈願です。

【千葉正心館（千葉県長生郡）および北陸正心館】のみで開催。

『ヒーリング・パワーを得るための祈り』

天上界から治癒の力を授かり、あらゆる病気を快方に向かわせるための祈りです。

【全国の精舎】にて開催。

幸福の科学の祈願の案内

『ガン細胞消滅祈願』

主への信仰の下、許しと慈悲の光によって、ガン細胞を消滅させるための祈願です。

【全国の精舎】にて開催。

『生き霊《りょう》返し・病念撃退祈願』

―賀茂《かも》一族特別霊指導―


病念や呪いといった〝生き念〟をはね返すための祈願です。

【全国の精舎】にて開催。

『スーパー・ベガ・ヒーリング』

―女神イシスのミラクル・パワー―


古代エジプトの女神イシスがオシリスを甦らせる際に用いた、琴座のベガの異次元パワーによって、病からの再生を導きます。

【全国の精舎】にて開催。

●上記の祈願はどなたでもお受けいただけます。

体験選集

病気が治った!

ガン・皮膚病編

幸福の科学では、ガンなどの病気が治るという奇跡が続出しています。その体験記をまとめた小冊子です。

【主な内容】
● 「余命4カ月」の全身転移の末期ガンが消えた!
● 進行の速い小細胞ガンが跡形もなく消滅!
● 重度のアトピー性皮膚炎が治った! など

本小冊子は精舎・支部に用意しております。詳細については下記の電話番号までお問い合わせください。

TEL03-5793-1727

幸福の科学グループのご案内

宗教、教育、政治、出版などの活動を通じて、地球的ユートピアの実現を目指しています。

幸福の科学

一九八六年に立宗。信仰の対象は、地球系霊団の最高大霊、主エル・カンターレ。世界百六十九カ国以上の国々に信者を持ち、全人類救済という尊い使命のもと、信者は、「愛」と「悟り」と「ユートピア建設」の教えの実践、伝道に励んでいます。

（二〇二三年九月現在）

愛

幸福の科学の「愛」とは、与える愛です。これは、仏教の慈悲《じひ》や布施《ふせ》の精神と同じことです。信者は、仏法真理をお伝えすることを通して、多くの方に幸福な人生を送っていただくための活動に励んでいます。

悟り

「悟り」とは、自らが仏の子であることを知るということです。教学《きょうがく》や精神統一によって心を磨き、智慧《ちえ》を得て悩みを解決すると共に、天使・菩薩《ぼさつ》の境地を目指し、より多くの人を救える力を身につけていきます。

ユートピア建設

私たち人間は、地上に理想世界を建設するという尊い使命を持って生まれてきています。社会の悪を押しとどめ、善を推し進めるために、信者はさまざまな活動に積極的に参加しています。

海外支援・災害支援

幸福の科学のネットワークを駆使し、世界中で被災地復興や教育の支援をしています。

自殺を減らそうキャンペーン

毎年２万人以上の方の自殺を減らすため、全国各地でキャンペーンを展開しています。

公式サイト **withyou-hs.net**

自殺防止相談窓口 受付時間　火～土:10～18時（祝日を含む）

TEL **03-5573-7707**　メール **withyou-hs@happy-science.org**

ヘレンの会

視覚障害や聴覚障害、肢体不自由の方々と点訳・音訳・要約筆記・字幕作成・手話通訳等の各種ボランティアが手を携えて、真理の学習や集い、ボランティア養成等、様々な活動を行っています。

公式サイト **helen-hs.net**

入会のご案内

幸福の科学では、主エル・カンターレ 大川隆法総裁が説く仏法真理《ぶっぽうしんり》をもとに、「どうすれば幸福になれるのか、また、他の人を幸福にできるのか」を学び、実践しています。

入会

仏法真理を学んでみたい方へ

主エル・カンターレを信じ、その教えを学ぼうとする方なら、どなたでも入会できます。入会された方には、『入会版「正心法語《しょうしんほうご》」』が授与されます。
入会ご希望の方はネットからも入会申し込みができます。
happy-science.jp/joinus

三帰《さんき》誓願《せいがん》

信仰をさらに深めたい方へ

仏弟子としてさらに信仰を深めたい方は、仏《ぶっ》・法《ぽう》・僧《そう》の三宝《さんぽう》への帰依を誓う「三帰誓願式」を受けることができます。三帰誓願者には、『仏説・正心法語』『祈《き》願文《がんもん》①』『祈願文②』『エル・カンターレへの祈り』が授与されます。

幸福の科学 サービスセンター
TEL 03-5793-1727
受付時間／火～金：10～20時　土・日祝：10～18時（月曜を除く）

幸福の科学 公式サイト
happy-science.jp

ハッピー・サイエンス・ユニバーシティ
Happy Science University

ハッピー・サイエンス・ユニバーシティとは

ハッピー・サイエンス・ユニバーシティ(HSU)は、
大川隆法総裁が設立された「日本発の本格私学」です。
建学の精神として「幸福の探究と新文明の創造」を掲げ、
チャレンジ精神にあふれ、新時代を切り拓く人材の輩出を目指します。

人間幸福学部　経営成功学部　未来産業学部

HSU長生キャンパス TEL **0475-32-7770**
〒299-4325　千葉県長生郡長生村一松丙 4427-1

未来創造学部

HSU未来創造・東京キャンパス
TEL **03-3699-7707**
〒136-0076　東京都江東区南砂2-6-5　公式サイト **happy-science.university**

学校法人 幸福の科学学園

学校法人 幸福の科学学園は、幸福の科学の教育理念のもとにつくられた教育機関です。人間にとって最も大切な宗教教育の導入を通じて精神性を高めながら、ユートピア建設に貢献する人材輩出を目指しています。

幸福の科学学園

中学校・高等学校(那須本校)
2010年4月開校・栃木県那須郡(男女共学・全寮制)
TEL **0287-75-7777** 公式サイト **happy-science.ac.jp**

関西中学校・高等学校(関西校)
2013年4月開校・滋賀県大津市(男女共学・寮及び通学)
TEL **077-573-7774** 公式サイト **kansai.happy-science.ac.jp**

仏法真理塾「サクセスNo.1」

全国に本校・拠点・支部校を展開する、幸福の科学による信仰教育の機関です。小学生・中学生・高校生を対象に、信仰教育・徳育にウエイトを置きつつ、将来、社会人として活躍するための学力養成にも力を注いでいます。

TEL 03-5750-0751（東京本校）

エンゼルプランV

東京本校を中心に、全国に支部教室を展開。信仰をもとに幼児の心を豊かに育む情操教育を行い、子どもの個性を伸ばして天使に育てます。

TEL 03-5750-0757（東京本校）

エンゼル精舎

乳幼児が対象の、託児型の宗教教育施設。エル・カンターレ信仰をもとに、「皆、光の子だと信じられる子」を育みます。（※参拝施設ではありません）

不登校児支援スクール「ネバー・マインド」

TEL 03-5750-1741

心の面からのアプローチを重視して、不登校の子供たちを支援しています。

ユー・アー・エンゼル!（あなたは天使!）運動

障害児の不安や悩みに取り組み、ご両親を励まし、勇気づける、障害児支援のボランティア運動を展開しています。

一般社団法人 ユー・アー・エンゼル

TEL 03-6426-7797

NPO活動支援

いじめから子供を守ろうネットワーク

学校からのいじめ追放を目指し、さまざまな社会提言をしています。また、各地でのシンポジウムや学校への啓発ポスター掲示等に取り組む一般財団法人「いじめから子供を守ろうネットワーク」を支援しています。

公式サイト mamoro.org ブログ blog.mamoro.org

相談窓口 TEL.03-5544-8989

百歳まで生きる会～いくつになっても生涯現役～

「百歳まで生きる会」は、生涯現役人生を掲げ、友達づくり、生きがいづくりを通じ、一人ひとりの幸福と、世界のユートピア化のために、全国各地で友達の輪を広げ、地域や社会に幸福を広げていく活動を続けているシニア層（55歳以上）の集まりです。

【サービスセンター】TEL 03-5793-1727

シニア・プラン21

「百歳まで生きる会」の研修部門として、心を見つめ、新しき人生の再出発、社会貢献を目指し、セミナー等を開催しています。

【サービスセンター】TEL 03-5793-1727

幸福実現党

内憂外患《ないゆうがいかん》の国難に立ち向かうべく、2009年5月に幸福実現党を立党しました。創立者である大川隆法党総裁の精神的指導のもと、宗教だけでは解決できない問題に取り組み、幸福を具体化するための力になっています。

HS政経塾

大川隆法総裁によって創設された、「未来の日本を背負う、政界・財界で活躍するエリート養成のための社会人教育機関」です。既成の学問を超えた仏法真理を学ぶ「人生の大学院」として、理想国家建設に貢献する人材を輩出するために、2010年に開塾しました。現在、多数の市議会議員が全国各地で活躍しています。

TEL 03-6277-6029
公式サイト hs-seikei.happy-science.jp

出版 メディア 芸能文化 幸福の科学グループ

幸福の科学出版

大川隆法総裁の仏法真理の書を中心に、ビジネス、自己啓発、小説など、さまざまなジャンルの書籍・雑誌を出版しています。他にも、映画事業、文学・学術発展のための振興事業、テレビ・ラジオ番組の提供など、幸福の科学文化を広げる事業を行っています。

アー・ユー・ハッピー?
are-you-happy.com

ザ・リバティ
the-liberty.com

幸福の科学出版
TEL **03-5573-7700**
公式サイト **irhpress.co.jp**

THE FACT

YouTubeにて
随時好評
配信中！

ザ・ファクト
マスコミが報道しない
「事実」を世界に伝える
ネット・オピニオン番組

ザ・ファクト 検索

NEW STAR PRODUCTION

ニュースター・プロダクション

「新時代の美」を創造する芸能プロダクションです。多くの方々に良き感化を与えられるような魅力あふれるタレントを世に送り出すべく、日々、活動しています。 公式サイト **newstarpro.co.jp**

ARI Production

ARI《アリ》 Production《プロダクション》

タレント一人ひとりの個性や魅力を引き出し、「新時代を創造するエンターテインメント」をコンセプトに、世の中に精神的価値のある作品を提供していく芸能プロダクションです。 公式サイト **aripro.co.jp**

大川隆法　講演会のご案内

大川隆法総裁の講演会が全国各地で開催されています。講演のなかでは、毎回、「世界教師」としての立場から、幸福な人生を生きるための心の教えをはじめ、世界各地で起きている宗教対立、紛争、国際政治や経済といった時事問題に対する指針など、日本と世界がさらなる繁栄の未来を実現するための道筋が示されています。

2022年7月7日 さいたまスーパーアリーナ
「甘い人生観の打破」

2019年7月5日 福岡国際センター
「人生に自信を持て」

2019年10月6日 ザ ウェスティン ハーバー キャッスル トロント（カナダ）
「The Reason We Are Here」

2011年3月6日 カラチャクラ広場（インド）
「The Real Buddha and New Hope」

2019年3月3日 グランド ハイアット 台北（台湾）
「愛は憎しみを超えて」

講演会には、どなたでもご参加いただけます。
最新の講演会の開催情報はこちらへ。⟹

大川隆法総裁公式サイト
https://ryuho-okawa.org